职业教育财经商贸类专业教学用书

物流单证制作实务

（第二版）

主　编　谢丽芳
副主编　沈　昕

华东师范大学出版社
·上海·

图书在版编目(CIP)数据

物流单证制作实务/谢丽芳主编. —2版. —上海:华东师范大学出版社,2023
 ISBN 978-7-5760-3815-6

Ⅰ.①物… Ⅱ.①谢… Ⅲ.①物流-原始凭证-高等学校-教材 Ⅳ.①F252

中国国家版本馆 CIP 数据核字(2023)第 071867 号

物流单证制作实务(第二版)

职业教育财经商贸类专业教学用书

主　　编	谢丽芳
责任编辑	何　晶
特约审读	袁一薏
责任校对	劳律嘉　时东明
装帧设计	庄玉侠

出版发行	华东师范大学出版社
社　　址	上海市中山北路 3663 号　邮编 200062
网　　址	www.ecnupress.com.cn
电　　话	021-60821666　行政传真 021-62572105
客服电话	021-62865537　门市(邮购)电话 021-62869887
地　　址	上海市中山北路 3663 号华东师范大学校内先锋路口
网　　店	http://hdsdcbs.tmall.com
印 刷 者	浙江临安曙光印务有限公司
开　　本	787 毫米×1092 毫米　1/16
印　　张	13.75
字　　数	353 千字
版　　次	2023 年 6 月第 2 版
印　　次	2023 年 9 月第 2 次
书　　号	ISBN 978-7-5760-3815-6
定　　价	35.00 元

出版人　王　焰

(如发现本版图书有印订质量问题,请寄回本社客服中心调换或电话 021-62865537 联系)

出版说明（第二版）

CHUBANSHUOMING

  本书是职业教育财经商贸类专业的教学用书，主要可作为物流服务与管理专业，以及国际贸易等相关专业课程的教材。

  本书的内容设计以培养学生实际操作能力为主、理论学习为辅，在结构上围绕任务设计相关教学活动，并根据教学活动引申出体验活动及能力迁移。本书在编写过程中，充分考虑到学生的认知特点，以实操为主，适当降低理论教学要求，体现了做学一体的主旨。

  各任务下的活动都设计有以下具体板块：

  任务背景：介绍任务的相关背景，加强学生对于活动的代入感。

  任务要求：阐述通过本任务所要完成的学习目标。

  任务分析：对完成本任务所要掌握的知识点进行简单归纳、罗列。

  任务实施：以掌握实际操作为目的进行设计，展示完成任务的各步骤。

  任务小结：对本任务的所学内容进行小结。

  任务评价：通过自评、互评和老师评价，检验自己对于相关能力的掌握程度。

  为了方便老师的教学活动，本书还配套有习题集。习题集按照教材的结构编排设计相关练习和实训，注重巩固和加强学生对知识点的掌握，并锻炼其实务操作能力。

华东师范大学出版社
2023 年 6 月

前 言（第二版）

QIANYAN

本书是职业教育财经商贸类物流及相关专业的专业课教材。物流是经济社会的大系统中一个重要的子系统，是国家经济建设的重要支撑。党的二十大报告中指出，"提升战略性资源供应保障能力"，"加快发展物联网，建设高效顺畅的流通体系，降低物流成本"。物流单证业务是物流业务中的关键环节，物流单证是物流作业计划、执行、反馈、结算环节的重要依据和凭证。随着物流行业的飞速发展，企业需要大量高素质的物流单证制作人员。从对物流企业的调研中可以知道，通过科学合理的培养，职校学生的职业素养与能力完全可以适应物流单证岗位的职业能力要求。基于这样的背景，我们联合物流、货代、国际商务专业的骨干教师，一同编写了本书。

本书在编写过程中，考虑到职校学生的特点，注重理论联系实际，将物流基本理论与单证制作员的岗位能力相结合，以物流行业的服务流程为主线，精心设计教学内容，整合教材的理论与技能体系，突出实用性。在编写的体例上，本书以任务驱动的方式来安排教学内容，通过"任务背景""任务要求""任务分析""任务实施""任务小结""任务评价"六个部分来构建本书的技能体系。在每一个任务的学习中，学生可以通过"教学活动"来掌握新知识、新技能，通过"体验活动"来检查和巩固所学知识，比较符合当下技能学习的方式。另外，本书还穿插了"小贴士""小知识"等小栏目，为物流单证知识的学习增添了趣味性，以期培养学生的学习热情和迁移能力。

本书由谢丽芳老师负责编写仓储单证模块，同时担任主编并对全书进行统稿，由沈昕老师负责编写运输单证模块，由金向荣老师负责编写国际货运代理单证模块。

在本书的编写过程中，我们参阅了国内相关的物流单证业务的书刊资料和国家新颁布、实施的物流法规，并借鉴了由教育部主办的全国职业院校技能大赛物流单证项目的比赛要求和技术文本，同时得到了物流企业单证岗位业务骨干的大力支持与指导，在此一并致以衷心的感谢。由于作者水平有限，书中难免存在疏漏和不足，恳请同行和读者予以批评、指正。

编 者
2023 年 6 月

目 录

MULU

模块一　仓储单证 ... 1

任务一　入库单的制作 ... 2
　　教学活动　入库单的制作与流转 ... 2
　　体验活动　制作入库单 ... 6

任务二　储位分配单的制作 ... 8
　　教学活动　储位分配单的制作与流转 ... 8
　　体验活动　制作储位分配单 ... 13

任务三　退货申请单的制作 ... 15
　　教学活动　退货申请单的制作与流转 ... 15
　　体验活动　制作退货申请单 ... 19

任务四　出库单的制作 ... 20
　　教学活动　出库单的制作与流转 ... 21
　　体验活动　制作出库单 ... 24

任务五　拣货单的制作 ... 27
　　教学活动　拣货单的制作与流转 ... 28
　　体验活动　制作拣货单 ... 32

任务六　移库单的制作 ... 34
　　教学活动　移库单的制作与流转 ... 35
　　体验活动　制作移库单 ... 39

任务七　盘点单的制作 ... 40
　　教学活动　盘点单的制作与流转 ... 41
　　体验活动　制作盘点单 ... 44

拓展阅读　WMS仓库管理系统 ... 47

模块二　运输单证 ... 51

任务一　公路货物运输计划的制作 ... 52
　　教学活动　公路货物运输计划的制作与流转 ... 52
　　体验活动　制作运输计划 ... 58

任务二　公路货物运输取货通知单的制作 ... 61
　　教学活动　取货通知单的制作与流转 ... 61
　　体验活动　制作取货通知单 ... 66

任务三　公路运单的制作　69
　　教学活动　公路运单的制作与流转　70
　　体验活动　填制公路运单　75
任务四　公路货物运输集货单的制作　77
　　教学活动　集货单的制作与流转　77
　　体验活动　制作集货单　82
任务五　公路运输货物交接单的制作　84
　　教学活动　公路运输货物交接单的制作与流转　85
　　体验活动　制作公路运输货物交接单　91
　　能力迁移　制作到货预报表　94
任务六　公路货物运输的保险与理赔单证制作　97
　　教学活动　公路货物运输险投保单的制作与流转　98
　　体验活动　制作公路货物运输险投保单　101
　　教学活动　残损记录表的制作与流转　102
　　体验活动　制作残损记录表　105
任务七　水路运单的制作　107
　　教学活动　水路运单的制作与流转　108
　　体验活动　制作水路运单　111
任务八　铁路运输单证的制作　112
　　教学活动　铁路运单的制作与流转　113
　　体验活动　制作铁路运单　118
　　教学活动　铁路货票的制作与流转　118
　　体验活动　制作铁路货票　121
拓展阅读　物流运输配送信息化　122

模块三　国际货运代理单证　129

任务一　海运单证的制作　129
　　教学活动　海运托运单的制作与流转　129
　　体验活动　制作海运托运单　135
　　教学活动　海运提单的制作与流转　137
　　体验活动　制作海运提单　142
　　能力迁移　装货单的制作与流转　144
　　体验活动　制作装货单　147
　　教学活动　集装箱装箱单的制作与流转　148
　　体验活动　制作集装箱装箱单　151
任务二　航空运输单证的制作　153
　　教学活动　航空运单的制作与流转　153
　　体验活动　制作航空运单　159

任务三 货物进出口报关单证的制作 163
    教学活动 出口货物报关单的填制及数据填报 163
    体验活动 填制出口货物报关单(草单) 185
    教学活动 进口货物报关单的填制及数据填报 188
    体验活动 填制进口货物报关单(草单) 198
任务四 多式联运单证的制作 201
    教学活动 多式联运单证的制作与流转 201
    体验活动 多式联运提单中地点栏目的填制 204
拓展阅读 "单一窗口"介绍 206

本书参考资料及出处 208

模块一　仓储单证

仓储是现代物流的一个重要组成部分,在物流系统中起着至关重要的作用。仓储作业主要由入库作业、保管作业及出库作业三个部分组成。按其作业顺序可细分为接运卸货、货品检验、入库上架、保管保养、拣货、包装和出库送货等作业环节,如图1-1所示。各个作业环节之间并不是孤立的,它们既相互联系,又相互制约。某一环节的开始要依赖于上一环节作业的完成,上一环节作业完成的效果也直接影响到后一环节的作业。而要对这些作业环节进行细致的分析和有效的管理就要依赖仓储单证的使用。仓储单证是仓储管理的工具之一,是伴随着仓储管理活动的进行而产生的。仓储单证的正确制作与流转,不但可以为仓储作业管理提供依据,还可以将单证作为仓库管理的控制节点,提高仓储管理效率,保证仓储管理工作的顺利进行。

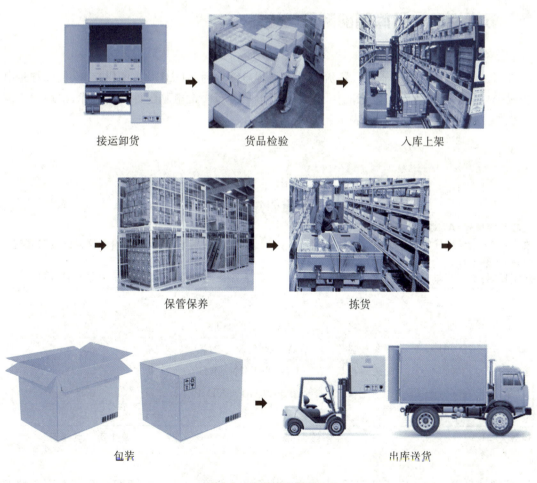

图1-1　仓储作业流程示意

任务一　入库单的制作

【学习目标】

1. 能理解入库单在仓储管理中的功能及作用；
2. 能识读入库通知单的相关信息，编制入库单，为入库作业做准备；
3. 能根据入库验收的结果，在入库单中进行反馈；
4. 能按物流企业作业要求，进行入库单的流转及归档；
5. 能严格遵守仓储企业的作业规范，养成认真、仔细的工作习惯，准确、严谨地处理入库的单证作业。

货物的入库作业是仓储业务的开始，入库作业直接影响到后续在库作业以及物流客户服务。因此准确、快速地制作入库单证，正确进行入库单证的流转管理，对提高入库作业效率有着重要意义。

教学活动　入库单的制作与流转

【任务背景】

20××年9月7日，上海现代物流中心收到客户编号为KHBH003的供应商，上海神舟电子贸易公司采购部经理陈力发来的传真，称神舟电子将有一批电脑配件需要入库，请现代物流中心做好入库准备，传真内容如表1-1所示。

表1-1

上海神舟电子贸易公司
入库通知单

入库通知单号：ASN20××09070021
收货仓库：上海现代物流中心　　　　　　　　　　收货地点：上海市普陀区西北物流园区
收货人：胡一鑫　　　　　　　　　　　　　　　　电话：021-56064330
发货日期：20××年9月7日　　　　　　　　　　　计划到货日期：20××年9月8日

序号	物料编号	物料名称	规格	单位	计划数量	备注
1	7200015-10	独立显卡	GV-N52128TE	箱	30	
2	7200015-09	集成显卡	GV-R587SO-1GD	箱	60	
3	7200018-12	无线模块	GN-WS31N-RH	箱	35	
4	7200019-02	主板	GA-Z68XP-UD3P	箱	55	
				合计	180	

制单人：孙淼　　　　　　审核人：陈力　　　　　　　　　　　　第1页　共1页

接到神舟电子的入库通知单后，现代物流中心的仓储部经理王海随即进行了入库前的准备，要求信息员丁丽制作单号为RKD001的入库单，并将神舟电子所有货品的出入库和库内保管交由上海现代物流中心仓储部的仓管员胡一鑫负责。入库验收过程如图1-2所示。

图1-2 入库验收

【任务要求】

请以上海现代物流中心信息员丁丽的身份制作入库单,并由仓管员胡一鑫进行入库单的反馈。

【任务分析】

入库单是货物验收入库时由仓管员填制的货物入库的凭证,是对货物入库数量的确认。

首先,信息员根据入库通知单的信息为入库任务做准备,编制入库单,交给仓管员。其次,货物到达仓库并卸货后由仓管员清点货物的品种、数量,核对是否与送货单一致,检查货物包装是否完好,有无破损、污染等问题,确认无误后填制入库单。入库单对仓库内部人员的工作起着指导与制约的作用,是内部控制的必需环节。

入库单一般有四联:第一联是留存联,由开单人员自存;第二联是记账联,交财务人员记账用;第三联是验收联,交送货方以备结算;第四联是结算联,是双方财务结算收款或付款的凭证。

入库单常用格式如表1-2所示。

表1-2

入库单

仓库编号							入库单号		
供应商名称			供应商编号				制单时间		
入库通知单号									
物料名称	物料编号	规格	单位	计划数量	实际数量	批次	备注		
仓管员				制单人					

【任务实施】

步骤一　入库前准备

接到神舟电子的入库通知单后,现代物流中心的仓储部经理王海安排货物进入编号为CK001的库房进行储存,要求信息员丁丽编制入库单,并要求仓管员胡一鑫做好货物入库的验收准备。

步骤二　信息员编制入库单

1. 信息员按照仓库安排,填写入库单号及仓库编号。
2. 信息员按照编号ASN20××09070021的入库通知单,确定供应商为上海神舟电子贸易公司,供应商编号为KHBH003,填写制单时间以及入库通知单号。
3. 信息员按照入库通知单填写入库货物的物料名称、物料编号、规格、单位以及计划数量。
4. 审核完毕后,信息员在"制单人"一栏签名,如下表1-3所示。

表1-3

入库单

					入库单号	RKD001	
仓库编号			CK001				
供应商名称	上海神舟电子贸易公司		供应商编号	KHBH003	制单时间	20××年9月8日	
入库通知单号			ASN20××09070021				
物料名称	物料编号	规格	单位	计划数量	实际数量	批次	备注
独立显卡	7200015-10	GV-N52128TE	箱	30			
集成显卡	7200015-09	GV-R587SO-1GD	箱	60			
无线模块	7200018-12	GN-WS31N-RH	箱	35			
主板	7200019-02	GA-Z68XP-UD3P	箱	55			
仓管员				制单人		丁丽	

步骤三　货物到库,仓管员进行货物验收

20××年9月8日上午,货物到达上海现代物流中心,胡一鑫核对送货司机提交的送货单(见表1-4)和之前发来的入库通知单(见表1-1),确认货物名称、规格、数量和包装等内容是否一致。

> **小贴士**
> 由于货物还未到库,信息员只能根据入库通知单填写货物计划入库的数量,暂无法填写货物实际入库的数量。

表1-4

送货单

送货单号：SH201409071001
客户名称：上海神舟电子贸易公司　　　　　　　送货时间：20××年9月8日

编号	货号	名称/型号	包装	单位	数量	备注
1	7200015-10	独立显卡/GV-N52128TE	纸箱	箱	30	
2	7200015-09	集成显卡/GV-R587SO-1GD	纸箱	箱	60	
3	7200018-12	无线模块/GN-WS31N-RH	纸箱	箱	35	
4	7200019-02	主板/GA-Z68XP-UD3P	纸箱	箱	55	

送货人签字：　　　　　　　　　收货人签字：

在收货验收过程中，胡一鑫发现有8箱编号为7200019-02的主板外包装破损严重，里面的物品已经变形，胡一鑫和供应商协商后，当场拒收这8箱主板并由送货司机直接带回。

> **小知识**
>
> ### 验货需要注意的几个环节
>
> 1. 货物到达后，仓管员根据送货司机的送货单清点收货，如果发现货物有严重受损的情况，必须马上通知送货人员等候处理，必要时拍照以留下证据。
> 2. 卸货时，仓管员必须严格监督货物的装卸状况（小心装卸），确认产品的数量、包装及保质期与送货单完全相符。任何破损、短缺必须在送货单上详细注明，并保留一份由司机签字确认的文件。出现破损、短缺的情况必须进行拍照，并及时上报经理、主管或其他人员，以便及时通知客户。
> 3. 卸货时如遇恶劣天气，必须采取各种办法避免产品受损。

随后，胡一鑫根据入库验收情况，在入库单上填写货物入库的实际数量及批次，并在"仓管员"一栏中签名，完成了该批货物的入库单的编制。

完成后的入库单如表1-5所示。

表 1-5

入库单

仓库编号			CK001			入库单号	RKD001	
供应商名称		上海神舟电子贸易公司		供应商编号	KHBH003	制单时间	20××年9月8日	
入库通知单号				ASN20××09070021				
物料名称	物料编号	规格	单位	计划数量	实际数量	批次	备注	
独立显卡	7200015-10	GV-N52128TE	箱	30	30	20××0801		
集成显卡	7200015-09	GV-R587SO-1GD	箱	60	60	20××0812		
无线模块	7200018-12	GN-WS31N-RH	箱	35	35	20××0812		
主板	7200019-02	GA-Z68XP-UD3P	箱	55	47	20××0812	拒收8箱，故实际数量为47箱	
仓管员		胡一鑫		制单人		丁丽		

小贴士

货物的入库计划数量由制单人负责填写，实际数量由仓管员验收货物后据实填写。填制入库单时需要根据填单人的身份及业务的进程来确定单证中的填写内容。

【任务小结】

入库单的制作是仓储作业单证制作的第一步，只有正确填制入库单，分清不同岗位的人员在入库单上填制的权限和责任，才能做好入库作业的单证管理，为后续仓储作业的顺利开展奠定基础。

 体验活动　制作入库单

【任务背景】

20××年5月12日早上8时，上海烟草（集团）公司配送中心仓库客服部吴亮收到客户编号为KHBH001的供应商上海烟草（集团）公司运来的一批货物。入库通知单见表1-6。

表 1-6

上海烟草(集团)公司
入库通知单

入库通知单号：RKTZ105　　　　　　　　　客户：上海烟草(集团)公司
收货地点：上海市通北路 625 号　　　　　　收货仓库：上海烟草(集团)公司配送中心
收货人：王君玉　　　　　　　　　　　　　电话：021－52268866
发货日期：20××年 5 月 12 日　　　　　　 计划到货日期：20××年 5 月 12 日

序号	物料编号	物料名称	规格	单位	计划数量	批号	备注
1	CPBH001a	利群(软长嘴)	24 条/箱	箱	30	20××0428	
2	CPBH001b	中华(硬包)	12 条/箱	箱	40	20××0429	
3	CPBH001c	熊猫(硬特规)	24 条/箱	箱	50	20××0429	
4	CPBH001d	红双喜(软经典醇香)	24 条/箱	箱	20	20××0502	
5	CPBH001e	中南海(软精品)	24 条/箱	箱	30	20××0428	
				合计	170		

制单人：李小明　　　　　　　审核人：王勃　　　　　　　　　　第 1 页　共 1 页

上海烟草(集团)公司配送中心仓库信息员李颖收到该批货物入库通知单后，编制了入库单(单号为 RKD002)，并将该批货物存放于 HYWL001 库房。但在入库验收时，仓管员邵佳发现该批货物中，编号为 CPBH001b 的货物少 1 箱，编号为 CPBH001c 的货物破损 2 箱。仓管员邵佳随即对破损货物做拒收处理，交由送货司机带回，然后按照实际入库数量在入库单上进行反馈。

【任务要求】

请根据任务背景及业务流程说明，以上海烟草(集团)公司配送中心仓库信息员李颖的身份制作入库单(填制表 1-2)，货物验收完毕后由仓管员邵佳对入库单进行反馈。

【任务评价】

评价项目	评价描述	评定结果		
		达到	基本达到	未达到
基本要求	能说出入库作业的基本流程			
	能说出入库单证制作涉及的岗位及流转程序			
	能说出货物入库验收的要求			
	能按照业务要求正确填制入库单			
综合要求	在完成业务的操作中，评价活动的质量；在按要求填写单证内容时，注意与同学合作交流；对自己完成任务的情况进行小结			

任务二 储位分配单的制作

【学习目标】

1. 能理解储位分配单在仓储管理中的功能及作用；
2. 能理解仓库储位分配的工作原则；
3. 能按照仓库储位分配的规则，对入库的商品进行分配储位；
4. 能根据分配储位的结果，制作储位分配单，并对商品上架的结果进行反馈；
5. 能严格遵守仓储企业的作业规范，养成认真、仔细的工作习惯，准确、严谨地处理储位分配及商品上架的单证流转。

货物入库验收完毕后，我们将对货物进行上架作业。储位分配单可以明确对入库货物如何进行存放储位的安排，它也是操作员执行货物上架作业的命令与依据。货物储位安排是否合理会对仓库的使用效率、货物出入库的作业效率产生较大的影响。

教学活动 储位分配单的制作与流转

【任务背景】

在任务一中，我们完成了上海神舟电子贸易公司发来货物的入库工作，编制了入库单号为RKD001的入库单，如表1-7所示。9月8日14时，仓储部经理王海要求仓管员胡一鑫按照仓库的储位分配原则及可用储位情况，对这批货物进行储位安排，由操作员杨龙将全部货物上架。

表1-7

入库单

入库单号：RKD001

仓库编号		CK001					
供应商名称	上海神舟电子贸易公司		供应商编号	KHBH003	制单时间	20××年9月8日	
入库通知单号			ASN20××09070021				
物料名称	物料编号	规格	单位	计划数量	实际数量	批次	备注
独立显卡	7200015-10	GV-N52128TE	箱	30	30	20××0801	
集成显卡	7200015-09	GV-R587SO-1GD	箱	60	60	20××0812	
无线模块	7200018-12	GN-WS31N-RH	箱	35	35	20××0812	
主板	7200019-02	GA-Z68XP-UD3P	箱	55	47	20××0812	
仓管员		胡一鑫		制单人		丁丽	

【任务要求】

请以上海现代物流中心仓管员胡一鑫的身份制作储位分配单，并由操作员杨龙在完成货物上架后对储位分配单进行反馈。

【任务分析】

储位分配就是对货物存放的位置进行安排。储位分配必须遵循一定的原则,其基本原则有以下三点。

1. 储位标识明确

仓库必须先对储存区域进行详细划分,让每一种预备存储的货品都有位置可以存放。一般仓库中的储存区域可以按照商品的属性划分,如:日用品区、食品区、电器区、小五金区等;也可以按照货架类型划分,如:平堆区、托盘货架区、流利货架区、轻型货架区等,如图1-3所示。然后,在每一个存储区域划分出储位,并加以编号,使每一个储位编号都能对应一个具体的储位。

平堆区

托盘货架区

流利货架区

轻型货架区

图1-3 按货架类型划分区域

2. 货品定位有效

依据货品保管方式的不同,应该为每种货品确定合适的储存单位、储存策略、分配规则,以及其他储存货品要考虑的因素,把货品有效地配置在先前所规划的储位上。例如:需冷藏的货品就该放冷藏库,流通速度快的货品就该放置在靠近出口处,重型货物就该放在下层,托盘货物可直接堆放在平堆区或上架至托盘货架上,不同的货品不应放在同一个储位等。

3. 变动更新及时

当货品被有效地配置在规划好的储位上之后,接下来的工作就是储位的维护。当货品的位置或数量发生改变时,必须及时地把变动情形加以记录,以使记录数据与实物数量能够完全吻合,如此才能进行有效的管理。

【任务实施】

步骤一 了解货物的存放要求

上海现代物流中心为了能对货品进行更好地管理,已编制了每种货品的存放要求,此次入库货物在 CK001 库房中的存放要求如表 1-8 所示。

表 1-8

货品存放位置安排

货物编号	货物名称	货品规格	库区	储位	堆码极限（箱/货位）
7200015-10	独立显卡	GV-N52128TE	电子元件区	A00100-A00105	30
7200015-09	集成显卡	GV-R587SO-1GD	电子元件区	A00000-A00005	30
7200018-12	无线模块	GN-WS31N-RH	电子元件区	B00100-B00105	50
7200019-02	主板	GA-Z68XP-UD3P	电子元件区	B00000-B00005	50

步骤二　明确货物的储位分配原则

上海现代物流中心的的储位分配原则是：

① 被占用的货位不能分配。

② 同种货物相邻摆放。

③ 货位号从小到大依次安排。

④ 货物从低层优先存放，如：C 货架只剩两个储位：C00000（一层）和 C00100（二层），则货物优先存放在较低一层的 C00000 储位。

> **小贴士**
>
> 不同仓库中储位编码的含义不同，本书中 C00000 的编码含义为 C 排第一层第一列，C00104 意味着 C 排第二层第五列。

步骤三　查询当前仓库的可用储位情况

目前，上海现代物流中心 CK001 仓库 A 排、B 排的货物存放情况如表 1-9 所示。

表 1-9

上海现代物流中心 CK001 仓库 A 排、B 排当前货物存放情况

电子元件区 A 排	第二层	A00100 独立显卡 25 箱	A00101 无	A00102 无	A00103 无	A00104 独立显卡 30 箱	A00105 独立显卡 12 箱
	第一层	A00000 无	A00001 集成显卡 30 箱	A00002 集成显卡 30 箱	A00003 无	A00004 无	A00005 无
				过　道			
电子元件区 B 排	第二层	B00100 无线模块 40 箱	B00101 无线模块 50 箱	B00102 无	B00103 无	B00104 无	B00105 无
	第一层	B00000 无	B00001 无	B00002 无	B00003 无	B00004 主板 28 箱	B00005 主板 45 箱

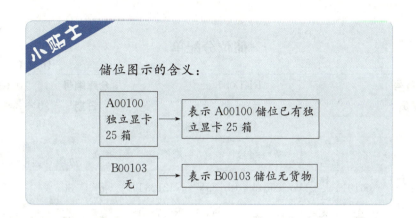

步骤四 仓管员编制储位分配单

储位分配单常用格式如表 1-10 所示。

表 1-10

储位分配单

作业单号：

入库单号								仓库编号		
仓管员								日期		
作业明细										
序号	库区	储位	物料名称	物料编号	规格	单位	应放数量	实放数量	备注	
制单人					作业人					

① 仓管员胡一鑫按照仓库情况，填写作业单号、入库单号、仓库编号、仓管员、制单时间等基础信息。

② 仓管员胡一鑫按照货物存放要求与仓库可用储位情况，遵循储位分配原则进行储位分配，并在制单人处签名，如表 1-11 所示。

表 1-11

储位分配单

作业单号：CWFP001

入库单号			RKD001			仓库编号		CK001	
仓管员			胡一鑫			日期		20××年9月8日	
作业明细									
序号	库区	储位	物料名称	物料编号	规格	单位	应放数量	实放数量	备注
1	电子元件区	A00101	独立显卡	7200015-10	GV-N52128TE	箱	30		
2	电子元件区	A00000	集成显卡	7200015-09	GV-R587SO-1GD	箱	30		
3	电子元件区	A00003	集成显卡	7200015-09	GV-R587SO-1GD	箱	30		
4	电子元件区	B00102	无线模块	7200018-12	GN-WS31N-RH	箱	35		
5	电子元件区	B00000	主板	7200019-02	GA-Z68XP-UD3P	箱	47		
制单人			胡一鑫			作业人			

步骤五　操作员按照储位分配单完成货物上架

胡一鑫将该储位分配单交给操作员杨龙，要求杨龙按照储位分配单上的指令进行货物的上架作业。杨龙上架完毕，未发现异常情况。随后杨龙在储位分配单"实放数量"一栏中填写实际操作的数量，并在"作业人"栏签字，如表1-12所示。

表 1-12

储位分配单

作业单号：CWFP001

入库单号			RKD001			仓库编号		CK001	
仓管员			胡一鑫			日期		20××年9月8日	
作业明细									
序号	库区	储位	物料名称	物料编号	规格	单位	应放数量	实放数量	备注
1	电子元件区	A00101	独立显卡	7200015-10	GV-N52128TE	箱	30	30	
2	电子元件区	A00000	集成显卡	7200015-09	GV-R587SO-1GD	箱	30	30	
3	电子元件区	A00003	集成显卡	7200015-09	GV-R587SO-1GD	箱	30	30	
4	电子元件区	B00102	无线模块	7200018-12	GN-WS31N-RH	箱	35	35	
5	电子元件区	B00000	主板	7200019-02	GA-Z68XP-UD3P	箱	47	47	
制单人			胡一鑫			作业人		杨龙	

> **小知识**
>
> 仓库管理中,分配货物的储位时还需注意以下几个问题:
> (1) 根据商品特性来储存;
> (2) 大批量使用大储区,小批量使用小储区;
> (3) 笨重、体积大的品种应储存在较坚固的层架底层并接近出货区,轻量商品储存在载重有限的层架;
> (4) 性质相同或相似的商品尽可能靠近储放;
> (5) 滞销的商品或小、轻及容易处理的品种使用较远的储区;
> (6) 周转率低的商品尽量远离进货、出货区及较高的区域;周转率高的物品尽量接近出货区。

【任务小结】

现代仓储管理与传统的仓储管理相比,更加注重仓储的时效性。能否快速地找到货品、缩短周转率高的货品拣货路程、提高各类仓储作业的效率就取决于有无科学合理的储位安排。因此,在进行储位分配时要考虑到货物的特性、货物的存储单位(单个、箱、托盘)、储位安排的原则、货物周转率、补货的方便性等因素,综合考虑、合理安排。

体验活动　制作储位分配单

【任务背景】

20××年9月22日10时,上海烟草(集团)公司配送中心完成了入库通知单号为RKTZ235的货物验收工作,编制了入库单,入库单号为RKD002,如表1-13所示。

表1-13

入库单

入库单号:RKD002

仓库编号	HYWL001							
供应商名称	上海烟草(集团)公司				供应商编号		KHBH001	
入库通知单号	RKTZ105				制单时间		20××年9月22日	
物料名称	物料编号	规格	单位	计划数量	实际数量		批次	备注
利群(软长嘴)	CPBH001	24条/箱	箱	100	98		20××0910	
中华(硬包)	CPBH002	24条/箱	箱	100	100		20××0911	
熊猫(硬特规)	CPBH005	24条/箱	箱	100	100		20××0909	
红双喜(软经典醇香)	CPBH004	24条/箱	箱	100	100		20××0910	
仓管员	邵佳			制单人			李颖	

本仓库香烟的存放位置安排如表 1-14 所示。

表 1-14

货物存放位置安排

货物编号	货物名称	货物规格	库区	储位	堆码极限(箱/货位)
CPBH001	利群(软长嘴)	24 条/箱	香烟区	A00000 - A00005	50
CPBH002	中华(硬包)	24 条/箱	香烟区	A00100 - A00105	50
CPBH003	中华(软包)	24 条/箱	香烟区	A00200 - A00205	50
CPBH004	红双喜(软经典醇香)	24 条/箱	香烟区	B00000 - B00005	50
CPBH005	熊猫(硬特规)	24 条/箱	香烟区	B00100 - B00105	50
CPBH006	苏烟(黄标)	24 条/箱	香烟区	B00200 - B00205	50

当前,香烟区储位被占用的有 A00001、A00100、A00101、B00003、B00101,其他储位可用。本仓库储位安排原则是遵照货物存放位置安排表,可用储位按照编号从小到大依次摆放,每个储位存放的货物数量不能超过该储位的堆码极限。

仓管员邵佳编制了单号为 CWPF002 的储位分配单,交由操作员苏长和进行上架,苏长和按照储位分配的要求完成全部货品的上架任务。

【任务要求】

请你以仓管员邵佳的身份编制储位分配单(填制表 1-10),并由操作员苏长和进行反馈。

【任务评价】

评价项目	评价描述	评定结果		
		达到	基本达到	未达到
基本要求	能说出储位分配的基本原则			
	能说出储位分配的步骤			
	会对入库货物进行储位分配			
	能正确填制储位分配单			
综合要求	在完成业务操作中,评价活动的质量;在按要求填写单证内容时,注意与同学合作、交流;对自己完成任务的情况进行小结			

任务三　退货申请单的制作

【学习目标】

1. 能理解商品入库检验作业的流程,完成入库商品的送检,获得检验报告;
2. 能根据仓库退货的标准,对入库验收异常的商品做是否退货的判断;
3. 能协同仓库其他部门,对验收不合格的商品与客户确认退换货事宜;
4. 能根据检验报告,填制退货申请单,并做好退货商品的管理及退货单据的流转;
5. 能严格遵守仓储企业的作业规范,养成认真、仔细的工作习惯,做好与客户的沟通,耐心细致地处理退货作业。

凡货物入库储存,必须要经过检查验收,只有验收合格的货物,方可入库保管。货物的检验分为数量检验、包装检验、质量检验三方面。其中货品的数量、外包装等检验在货物入库的第一时间即可完成,而货物的机械物理性能和化学成分等内部质量的检验则应由仓库技术管理职能机构对货物进行取样,委托专门的检验机构进行检验。检验合格的货物即可入库,检验不合格的货物则应进行退货处理。退货是指由于质量问题、超交等原因需将仓库已收货物退回给供应商的一种仓库行为。

教学活动　退货申请单的制作与流转

【任务背景】

在任务一中,我们完成了上海神舟电子贸易公司发来货物的验收工作,编制了入库单号为 RKD001 的入库单,如表 1-15 所示。

表 1-15

入库单

入库单号:RKD001

仓库编号		CK001						
供应商名称	上海神舟电子贸易公司	供应商编号	KHBH003	制单时间	20××年9月8日			
入库通知单号		ASN20××09070021						
物料名称	物料编号	规格	单位	计划数量	实际数量	批次	备注	
独立显卡	7200015-10	GV-N52128TE	箱	30	30	20××0801		
集成显卡	7200015-09	GV-R587SO-1GD	箱	60	60	20××0812		
无线模块	7200018-12	GN-WS31N-RH	箱	35	35	20××0812		
主板	7200019-02	GA-Z68XP-UD3P	箱	55	47	20××0812		
仓管员		胡一鑫		制单人		丁丽		

仓管员胡一鑫将货物存放在入库暂存区中,并将这四种货物交由质检科质检员王倩负责质量检验。20××年9月8日下午,仓管员胡一鑫收到由质检员王倩开具的这批入库物料的质检报告。质检报告的单号为ZLJY002501,内容显示:编号为7200019-02的主板有2箱质量不合格(不合格原因为:主板电容虚焊,无法使用),其他三种物料质量均合格。当日,仓管员胡一鑫根据入库单和质检报告完成如下工作:

① 将质量合格的货物统一入库到编号为CK001的仓库。

② 对于质检不合格的货物,通知搬运组将不合格的主板搬运到CK001仓库的隔离区,同时与采购部采购员武易沟通确认质检结果。采购员武易根据相关的采购协议、入库单和质检报告,编制单号为THD1900101的退货申请单(以质检报告中的不合格原因作为退货原因)并通知供应商退货。

【任务要求】

请以上海现代物流中心采购员武易的身份制作退货申请单,并协助完成不合格货物的退货工作。

【任务分析】

仓库中的退货工作主要由仓管科、质检科、采购部、财务处这四个部门协同完成。首先仓管科将货物送入质检科检验,质检科完成货物质量检验后,要出具检验报告。对于质量不合格的货物,质检科要提交证明材料,并核定不合格货物的品名、规格、数量及退货厂家。仓管科将不合格货物的检验报告转交采购部,采购部与供应商确认退换货事宜,并通告财务部进行立账。仓管科配合采购部,协助办理不合格货物的退换货出库作业。

【任务实施】

步骤一 仓管科将货物送检

入库货物的检验包括数量检验、包装检验以及质量检验三个方面。数量检验及包装检验通常都在货物入库时一次性操作完毕。而质量检验则分为两种情况:第一种情况是在入库时,通过验货人员的感觉器官检查货品的外观质量,包括检查货物的自然属性是否因物理反应及化学反应而造成负面的改变,如:受潮、沾污、腐蚀、霉烂等;检查货品包装的牢固程度;检查货品有无损伤,如:撞击、变形、破碎等。对外观质量有严重缺陷的货品,仓管员经与供应商确认后,可当场做拒收处理,验收合格的货物做入库上架处理。

第二种情况是对于一些特殊货品,在经过外观质量检验后,还要由专门的检验部门进行化验和技术测定,其中包括测试仪器检验及设备运行检验等。测试仪器检验是指利用各种专用测试仪器进行货物性质测定,如:含水量、密度、黏度、成分、光谱等测试。设备运行检验是指对货物进行运行操作,如:电器、车辆等,检查其操作功能是否正常。

本任务中的货物属于需进行测试仪器检验的货物,因此仓管科需将货物送至检验科进行进一步的性质测定,以判断是否符合入库要求。

> **小知识**
>
> **全检与抽检**
>
> 全检就是全部检验,是指对所有产品的检验或对同一个产品所有性能的检验。大型、性能复杂和重要的产品或出现质量问题、质量争议的产品通常都会要求进行全检。
>
> 抽检是指从一个批次中抽出几个作为样本进行全部或某几个性能指标的检验。抽取的数量只要根据统计学原理确定有代表性即可。抽检一般是随机的,也就是从所有产品中随便拿取一定数量的单件作为样本来进行检验,并以这些样本的检验结果来判定这些样本所代表的整批次产品的性能或质量。
>
> 仓库货物的内部质量检验通常采用抽验法,按一定比例开箱抽取货物检验,抽样比例可为5%—15%。贵重商品应酌情提高检验比例或全部检验。进口商品则按合同或惯例办理。

步骤二　检验科检验货物,出具检验报告

检验科质检员王倩对送检货物进行检验,出具检测报告,如表1-16所示。经检验科长审核后,王倩将检测报告交给仓管科。

表1-16

上海现代物流中心
检测报告

编号:ZLJY002501

检验货物信息		
样品名称	型号规格	样品数量
独立显卡	GV－N52128TE	30箱
集成显卡	GV－R587SO－1GD	60箱
无线模块	GN－WS31N－RH	35箱
主板	GA－Z68XP－UD3P	47箱
供应商	上海神舟电子贸易公司	供应商编号　KHBH003
送检日期	20××年9月7日	检测日期　20××年9月8日
送检单位	仓管科	
检测项目	性能检测	
检测方法	抽检	
检测结果	有2箱主板存在电容虚焊的问题,其余货物质量正常	
备注		

检测日期:20×× 09 07　　审核日期:20××-09-08　　审批日期:20××-09-08

步骤三 采购部填制退货申请单,仓管科做退货准备

20××年9月9日,仓管科收到检测报告后,与采购部联系,采购部根据采购协议进行退货处理,武易填制退货申请单,单号为TH23091-01,并通知供应商。同时,仓管科将不合格货品贴上"不合格品"的标签,统一放置在退货品区等待供应商取回货物。

填好的退货申请单如表1-17所示。

表1-17

上海现代物流中心
退货申请单

退货单号:TH23091-01

客户名称	\multicolumn{4}{c}{上海神舟电子贸易公司}	申请日期	20××-09-09	
物料名称	物料编号	规格	单位	退货数量	质检单号	退货原因	备注
主板	7200019-02	GA-Z68XP-UD3P	箱	2	ZLJY002501	电容虚焊	
制单人	武易	仓库员		胡一鑫		第1页 共1页	

步骤四 供应商提货,退货作业完成

20××年9月9日,上海神舟电子贸易公司派车取回2箱质量不合格的货物,退货作业完成。

【任务小结】

仓库管理中的入库验收流程如图1-4所示。做好入库货物的验收是保证仓库保管货物质量的首要任务,对不符合入库要求的货物,我们应该按照流程完成退货作业,杜绝不合格品入库。

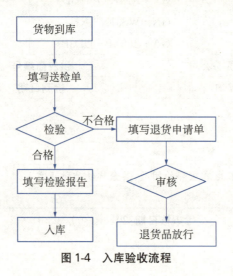

图1-4 入库验收流程

体验活动　制作退货申请单

【任务背景】

20××年4月11日，上海汽配物流中心的订单处理中心收到上海百琦汽车配件厂（供应商编号为GYSBH0033121）传真来的入库通知单，如表1-18所示，预计10时左右将一批刚生产好的汽车配件入库到KF001仓库。

表1-18

上海百琦汽车配件厂
入库通知单

入库通知单号：RKDAB9388833201

收货仓库：上海汽配物流中心　　　　　收货地点：上海市金山区霞飞路1号
收货人：路遥　　　　　　　　　　　　电话：021-61164431
发货日期：20××年4月12日　　　　　计划到货日期：20××年4月12日

序号	物料编号	物料名称	规格	单位	计划数量	批次	备注
1	14567899	汽车安全带	47-48MM	箱	50		
2	14567900	橡胶减震器	W203	箱	20		
3	14567904	汽车润滑油	DC10-92	箱	100		
4	14679031	传动轴	A601	箱	15		
				合计	185		

制单人：张建国　　　　　　审核人：刘虎　　　　　　第1页　共1页

20××年4月11日下午，客服人员李伟根据入库通知单编制单号为RKD09292001的入库单。4月12日上午，该通知单的货物到达上海汽配物流中心。供应商上海百琦汽车配件厂的所有物料的出入库和库内保管由仓管员周娜负责。周娜在入库验收时发现橡胶减震器数量短缺1箱，汽车润滑油有2箱破损。经与上海百琦汽车配件厂确认，短缺的货物系上海百琦汽车配件厂漏装，破损的货物被当场退回。周娜将合格货物存放于编号为KF001的暂存区，并通知质检科质检员王可柱对这四种货物进行进一步的检验。4月13日，质检员王可柱开出检测报告（编号为ZLJY2099012001），有10箱汽车润滑油黏度过低，不符合采购合同规定，其余货物质量正常。采购部采购员黄雪梅与供应商联系后，填制退货申请单，通知仓管科做退货准备。

【任务要求】

请以上海汽配物流中心采购员黄雪梅的身份，填制单号为TH20991001的退货申请单（表1-19）。

表 1-19

上海汽配物流中心
退货申请单

退货单号：

客户名称						申请日期	
物料名称	物料编号	规格	单位	退货数量	质检单号	退货原因	备注
制单人		仓库员				第1页 共1页	

【任务评价】

评价项目	评价描述	评定结果		
		达到	基本达到	未达到
基本要求	能说出入库检验作业的基本流程			
	能说出退货申请单制作涉及的岗位及流转程序			
	能按照业务要求正确填制退货申请单			
综合要求	在完成业务操作中，评价活动的质量；在按要求填写单证内容时，注意与同学合作、交流；对自己完成任务的情况进行小结			

任务四　出库单的制作

【学习目标】

1. 能理解商品出库作业的环节，掌握出库作业的基本流程；
2. 能理解出库管理"三不、三核、五检查"的要求，严格执行出库作业规范；
3. 能根据发货通知，查询货物库存，编制出库单，为出库作业做准备；
4. 能根据出库作业的流程，进行出库单的流转，及时对出库复核及签收进行反馈；
5. 能严格遵守仓储企业的作业规范，树立责任意识及质量意识，严把出库关，确保出库作业质量及仓库管理数据的准确。

货物的出库作业是仓储业务的结束，是指仓库按照货主发货通知书上所注明的货物名称、规格、数量等条件，进行核对、拣货、复核、点交和发放等一系列的出库作业和管理活动。

 教学活动　出库单的制作与流转

【任务背景】

20×4 年 9 月 16 日，上海现代物流中心信息员丁丽收到货主上海苏宁电器有限公司的发货通知单，发货通知单信息如表 1-20 所示。

表 1-20

上海苏宁电器有限公司
发货通知单

发货通知单号：ASN201403160001

收货客户：苏宁电器天山店　　收货地址：上海市天山路 888 号
收货人：张恺晟　　　　　　　收货人电话：021-62905534　　发货日期：20×4 年 9 月 16 日
发货仓库：上海现代物流中心　仓库地址：上海市普陀区西北物流园区　仓库类别：第三方物流仓库
仓库联系人：胡一鑫　　　　　仓库电话：021-56064330

序号	货品编号	货品名称	规格	单位	计划数量	实际数量	备注
1	YMP10-021Q	飞利浦头戴式耳麦	SHM7110U/97	箱	25		
2	NHP36-202C	漫步者手机耳塞	H180P	箱	30		
3	NHP36-268C	双飞燕有线针光鼠标	WM-100	箱	45		
4	NWQ10-359T	罗技无线光电键鼠套装	MK260	箱	20		
				合计	120		

制单人：李亚　　　　　　　审核人：王晓亮　　　　　　　　　　　第 1 页　共 1 页

信息员丁丽查询苏宁电器的库存情况后，根据发货通知单制作出库单并交给仓储部专门负责上海苏宁电器有限公司货品的仓管员胡一鑫，由胡一鑫完成该批货物的出库工作。

【任务要求】

请以上海现代物流中心信息员丁丽的身份制作出库单，并由仓管员胡一鑫进行出库单的反馈。

【任务分析】

仓库接到客户的出库指令后，应认真核对该客户所需货物的库存情况，制作出库单、拣货单，并及时准确地按照出库指令完成备货、集货、核对、点交、出运等工作。在货物出库过程中，要严格执行出库管理的规章制度，做到"三不、三核、五检查"。

> **小知识**
>
> 出库管理的"三不、三核、五检查"
>
> 三不：未接单据不翻账、未经审核不备货、未经复核不出库
> 三核：核实凭证、核对账卡、核对实物
> 五检查：品名检查、规格检查、包装检查、件数检查、重量检查

【任务实施】

步骤一 信息员接到发货通知，查询货物库存

20×4年9月16日，上海现代物流中心信息员丁丽收到客户的发货通知单后，在仓储管理系统中查询该客户的库存情况，按照发货通知单上的货物名称、规格、数量一一进行核对。上海苏宁电器有限公司的所有货物都存放在编号为KF010的仓库中，具体库存如表1-21所示。

表1-21

苏宁电器的库存情况表

库区	储位	货品编号	货品名称	规格	单位	质量状态	库存数量	批次	入库日期
数码区	A00001	YMP10-021Q	飞利浦头戴式耳麦	SHM7110U/97	箱	正常	45	20×31202	20×4-02-24
数码区	A00002	NHP36-202C	漫步者手机耳塞	H180P	箱	正常	25	20×31201	20×4-03-05
数码区	A00003	AKG-Q460	迷你可折叠头戴式耳机	MOIA110	箱	正常	40	20×31123	20×4-03-02
数码区	A00004	LS10-019	奥林巴斯录音笔	B550-4G	箱	正常	40	20×40103	20×4-02-04
电脑区	B00001	NHP36-268C	双飞燕有线针光鼠标	WM-100	箱	正常	40	20×31101	20×4-01-02
电脑区	B00002	NWQ10-359T	罗技无线光电键鼠套装	MK260	箱	正常	40	20×31209	20×4-02-19
电脑区	B00003	WDBUZG0	西部数据移动硬盘1TB	USB2309-01	箱	正常	40	20×31209	20×4-02-19
电脑区	B00004	HGWK001-01	和冠手写板	CTL-480/S0	箱	正常	45	20×31212	20×4-03-01

步骤二 信息员发现库存不足，与客户联系确认出库数量

从苏宁电器的库存情况表中，信息员丁丽发现货品编号为NHP36-202C的漫步者手机

耳塞库存数量仅有 25 箱,如表 1-22 所示,满足不了发货通知单的要求。

表 1-22

显示库存不足

数码区	A00002	NHP36-202C	漫步者手机耳塞	H180P	箱	正常	25 (少于30)	20×31201	20×4-03-05

信息员丁丽通知仓管员胡一鑫核实该货物的实际库存数量,确认库存不足。信息员随即与上海苏宁电器有限公司联系,经协商,按照该货实际库存数量出库。

步骤三　信息员编制出库单

信息员根据发货通知单及货物的库存情况编制出库单(单号为 CK29941201),如表 1-23 所示,并将出库单交给仓管员胡一鑫进行拣货、复核、交货等后续作业。

表 1-23

出库单

出库单号:CK29941201

货主名称	上海苏宁电器有限公司		发货通知单号		ASN299403160001	
收货客户	苏宁电器天山店		发货日期		20×4年9月16日	
收货地址	上海市天山路888号	收货人	张恺晟		收货人电话	021-62905534
货品编号	货品名称	规格	单位	计划数量	实际数量	收货人签收数量	备注
YMP10-021Q	飞利浦头戴式耳麦	SHM7110U/97	箱	25	(按库存可满足的数量填写)		
NHP36-202C	漫步者手机耳塞	H180P	箱	25			
NHP36-268C	双飞燕有线针光鼠标	WM-100	箱	45			
NWQ10-359T	罗技无线光电键鼠套装	MK260	箱	20			
仓管员			制单人	丁丽	收货人		

步骤四　货物复核,与收货人进行交接

仓管员胡一鑫安排操作员进行拣货作业。操作员根据拣货单将客户所需货物拣选完毕,送至出库理货区交由仓管员胡一鑫进行复核。胡一鑫清点货物数量,核对货物名称及规格,填写出库单"实际数量"一栏。

9月16日下午,苏宁电器天山店提货员苏干来到仓库提货,胡一鑫与提货员再次进行货物核对。苏干作为收货人在出库单上填写实际收货数量,并签字确认,如表 1-24 所示。

表 1-24

出库单

出库单号：CK29941201

货主名称	上海苏宁电器有限公司	发货通知单号	ASN299403160001
收货客户	苏宁电器天山店	发货日期	20×4 年 9 月 16 日
收货地址	上海市天山路 888 号	收货人	张恺晟	收货人电话	021-62905534

货品编号	货品名称	规格	单位	计划数量	实际数量	收货人签收数量	备注
YMP10-021Q	飞利浦头戴式耳麦	SHM7110U/97	箱	25	25	25	
NHP36-202C	漫步者手机耳塞	H180P	箱	25	25	25	
NHP36-268C	双飞燕有线针光鼠标	WM-100	箱	45	45	45	
NWQ10-359T	罗技无线光电键鼠套装	MK260	箱	20	20	20	
仓管员	胡一鑫	制单人	丁丽	收货人	苏干		

小贴士

在出库单的流转中，制单人对"计划数量"一栏负责，仓管员对"实际数量"一栏负责，收货人对"收货人签收数量"一栏负责。

【任务小结】

当货物交至提货人员时，仓库的出库作业到此结束。出库单作为货物出库的指令，要在信息员、仓管员、收货人三者之间进行流转。出库单是制作拣货单的依据，是货物拣选情况的核对依据，也是货物交接的复核凭证。

 体验活动　制作出库单

【任务背景】

20××年 3 月 16 日，上海华师物流中心信息员邵卉收到货主上海家化有限公司的发货通知单，发货通知单信息如表 1-25 所示。

表 1-25

上海家化有限公司
发货通知单

发货通知单号：ASN299403160001

收货客户：上海华联超市安龙店　收货地址：上海市长宁区安龙 199 号
收货人：吴杰　　　　　　　　　收货人电话：13578591020　　发货日期：20×4 年 3 月 17 日
发货仓库：上海华师物流中心　　仓库地址：上海市曹杨路 140 号　仓库类别：第三方物流仓库
仓库联系人：邵卉　　　　　　　仓库电话：021-52691250

序号	货品编号	货品名称	规格	单位	计划数量	实际数量	备注
1	YMP10-021Q	50g 六神迷你香皂	50g	箱	50		
2	NHP36-202C	500ml 六神丝瓜水	500ml	箱	30		
3	NHP36-268C	100g 六神深层净化洗面乳	100g	箱	60		
4	NWQ10-359T	600ml 六神去屑洗发露	600ml	箱	20		
				合计	160		

制单人：李博　　　　　　　　审核人：王亮亮　　　　　　　　第 1 页 共 1 页

信息员邵卉将发货通知单交接给仓储部专门负责上海家化有限公司货品的仓管员伍勇，另外客户来电强调 100g 六神深层净化洗面乳要求配送 20×3 年 12 月 1 日以后生产的产品。胡一鑫首先根据发货通知单查询库存情况，上海家化有限公司所有货品都存放在编号为 KF010 的仓库中，该货主所有货品的库存情况如表 1-26 所示。

表 1-26

上海家化有限公司库存情况表

库区	储位	货品编号	货品名称	规格	单位	质量状态	库存数量	批次	入库日期
日用品 3 区	R03011	XSP26-991C	250ml 六神沐浴乳	250ml	箱	正常	45	20×31202	20×3-12-24
日用品 3 区	R03012	XSP26-991C	250ml 六神沐浴乳	250ml	箱	正常	45	20×31201	20×3-12-05
日用品 3 区	R03013	YMP10-021Q	50g 六神迷你香皂	50g	箱	正常	40	20×31123	20×3-11-02
日用品 3 区	R03014	YMP10-021Q	50g 六神迷你香皂	50g	箱	正常	40	20×40103	20×4-01-04
日用品 4 区	B01001	NHP36-202C	500ml 六神丝瓜水	500ml	箱	正常	40	20×31101	20×3-11-02

续表

库区	储位	货品编号	货品名称	规格	单位	质量状态	库存数量	批次	入库日期
日用品4区	B01002	NHP36-202C	500 ml 六神丝瓜水	500 ml	箱	正常	40	20××31209	20××3-12-19
日用品5区	C02001	NHP36-268C	100 g 六神深层净化洗面乳	100 g	箱	正常	45	20××31212	20××3-12-29
日用品5区	C02002	NHP36-268C	100 g 六神深层净化洗面乳	100 g	箱	正常	35	20××31107	20××3-11-14
日用品5区	C02003	NHP36-268C	100 g 六神深层净化洗面乳	100 g	箱	正常	30	20××40201	20××4-02-04
日用品5区	C02004	NHP36-268C	100 g 六神深层净化洗面乳	100 g	箱	正常	45	20××31210	20××3-12-11
日用品5区	C08003	NWQ10-359T	600 ml 六神去屑洗发露	600 ml	箱	正常	40	20××40102	20××4-01-05
日用品5区	C09003	NWQ10-359T	600 ml 六神去屑洗发露	600 ml	箱	次品	40	20××31111	20××3-11-17

备注：货品批次即货品出厂日期。

信息员邵卉根据以上库存信息和按批次先后顺序的出库规则，于20××年3月17日编制了作业单号为CK2994025的出库单。仓管员伍勇安排操作员进行拣货，完成货物拣选与复核工作后，等待提货员提货发运。

【任务要求】

请以仓管员伍勇的身份填制出库单（表1-27）。

表1-27

出库单

出库单号：

货主名称		发货通知单号	
收货客户		发货日期	
收货地址		收货人		收货人电话	

续表

货品编号	货品名称	规格	单位	计划数量	实际数量	收货人签收数量	备注
仓管员			制单人			收货人	

【任务评价】

评价项目	评价描述	评定结果		
		达到	基本达到	未达到
基本要求	能说出出库作业的基本流程			
	能说出出库单证制作涉及的岗位及流转程序			
	能说出货物出库复核的要求			
	能按照业务要求正确填制出库单			
综合要求	在完成业务操作中,评价活动的质量;在按要求填写单证内容时,注意与同学合作、交流;对自己完成任务的情况进行小结			

任务五 拣货单的制作

【学习目标】

1. 能理解拣货作业在仓储管理中的意义,掌握拣货作业的流程;
2. 能理解人工拣货及电子标签系统辅助拣货两种拣货方式的区别;
3. 能根据出库单的信息,查询货物库存情况,根据出库规则,编制拣货单;
4. 能根据拣货作业的流程,进行拣货单的流转,及时对拣货结果进行反馈;
5. 能严格遵守仓储企业的作业规范,及时、准确地完成拣货作业,同时关注仓储技术的发展,熟悉各类自动化拣货设备在仓储中的应用。

拣货作业是出库作业的重要环节之一。拣货单是仓管员根据出库单的指令编制的出库货物拣选单,是拣货员进行拣货的依据。在现代化的物流中心,仓储管理系统(也称 WMS 系统)

可以根据客户的出库指令,自动生成拣货单。在使用电子标签拣货系统(也称 DPS 系统)的物流中心,还可以实行无纸化拣选。而自动拣选系统的使用,甚至可以实现机械自动化拣选货物,并按照客户与流向进行分拣与合流。出库作业的关键在于拣货,而拣货的正确与否往往是由拣货单来决定的。

 教学活动　拣货单的制作与流转

【任务背景】

在任务四中,仓管员胡一鑫收到信息员丁丽发来的出库单如表 1-28 所示,他将着手安排货物出库的拣货、包装、复核、交货等后续作业任务。

表 1-28

出库单

出库单号:CK20141201

货主名称	上海苏宁电器有限公司	发货通知单号	ASN201403160001		
收货客户	苏宁电器天山店	发货日期	20×4 年 9 月 16 日		
收货地址	上海市天山路 888 号	收货人	张恺晟	收货人电话	021-62905534
货品编号	货品名称	规格	单位	计划数量	实际数量	收货人签收数量	备注
YMP10-021Q	飞利浦头戴式耳麦	SHM7110U/97	箱	25			
NHP36-202C	漫步者手机耳塞	H180P	箱	25			
NHP36-268C	双飞燕有线针光鼠标	WM-100	箱	45			
NWQ10-359T	罗技无线光电键鼠套装	MK260	箱	20			
仓管员			制单人	丁丽		收货人	

【任务要求】

请以上海现代物流中心仓管员胡一鑫的身份制作拣货单,并由拣货员张帅进行货物的拣选工作。

【任务分析】

拣货作业是物流中心作业的核心环节。拣货员获得拣货信息后,依照拣货信息拣取相应货物,并按一定方式将货物分类集中。因此,拣货作业主要包括拣货单的制作、拣货员行走搬运、拣取货物和分类集中等环节。

> **小知识**
>
> **拣货作业的两种类型及其区别**
>
> 拣货作业按照拣选的方式不同可分为人工拣货和电子标签系统辅助拣货两种。
>
> 1. 人工拣货：由拣货人员完全用人工方式根据拣货单的信息到相应的储位将货品逐一挑出并集中的过程。
>
> 2. 电子标签系统辅助拣货：简称DPS拣货，是依靠电子标签系统完成拣货任务。
>
> 两者的区别在于：DPS拣货过程中信息无纸化传递，拣货员只要根据电子拣货标签系统指示的信息拣选货品即可。

【任务实施】

步骤一　仓管员编制拣货单，生成拣货信息

20×4年9月16日，仓管员胡一鑫接到出库信息后，查询苏宁电器在仓库KF010中的库存情况，如表1-29所示。

表1-29

苏宁电器在仓库KF010的库存情况

库区	储位	货品编号	货品名称	规格	单位	质量状态	库存数量	批次	入库日期
数码区	A00001	YMP10-021Q	飞利浦头戴式耳麦	SHM7110U/97	箱	正常	45	20×31202	20×4-02-24
数码区	A00101	YMP10-021Q	飞利浦头戴式耳麦	SHM7110U/97	箱	正常	30	20×31125	20×4-02-02
数码区	A00002	NHP36-202C	漫步者手机耳塞	H180P	箱	正常	25	20×31201	20×4-03-05
数码区	A00003	AKG-Q460	迷你可折叠头戴式耳机	MOIA110	箱	正常	40	20×31123	20×4-03-02
数码区	A00004	LS10-019	奥林巴斯录音笔	B550-4G	箱	正常	40	20×40103	20×4-02-04
电脑区	B00001	NHP36-268C	双飞燕有线针光鼠标	WM-100	箱	正常	20	20×31105	20×4-01-12
电脑区	B00101	NHP36-268C	双飞燕有线针光鼠标	WM-100	箱	正常	40	20×31101	20×4-01-02
电脑区	B00002	NWQ10-359T	罗技无线光电键鼠套装	MK260	箱	正常	40	20×31209	20×4-02-19
电脑区	B00003	WDBUZG0	西部数据移动硬盘1TB	USB2309-01	箱	正常	40	20×31200	20×4-02-19
电脑区	B00004	HGWK001-01	和冠手写板	CTL-480/S0	箱	正常	45	20×31212	20×4-03-01

根据库存管理按入库日期先进先出的原则,仓管员胡一鑫制作拣货单,作业单号为JHZY200101,并在制单人处签名,填制好的拣货单如表1-30所示。

表1-30

上海现代物流中心
拣货单

作业单号:JHZY200101

货主名称	上海苏宁电器有限公司	出库单号	CK20141201
仓库编号	KF010	制单日期	20×4-09-16

货品明细									
序号	库区	储位	货品编号	货品名称	规格	单位	应拣数量	实拣数量	备注
1	数码区	A00101	YMP10-021Q	飞利浦头戴式耳麦	SHM7110U/97	箱	25		入库时间早于A00001储位应先出库
2	数码区	A00002	NHP36-202C	漫步者手机耳塞	H180P	箱	25		
3	电脑区	B00101	NHP36-268C	双飞燕有线针光鼠标	WM-100	箱	40		
4	电脑区	B00001	NHP36-268C	双飞燕有线针光鼠标	WM-100	箱	5		
5	电脑区	B00002	NWQ10-359T	罗技无线光电键鼠套装	MK260	箱	20		
制单人			胡一鑫			拣货人			

步骤二 拣货员领取拣货单,选择拣货设备

拣货员张帅领取拣货单,根据需要领取搬运设备,如:托盘、手动液压托盘车等。

步骤三 拣货员凭单拣货并进行标记

拣货员张帅根据拣货单上指定的货品信息,找到相应的储位,拣选拣货单上对应的货品和指定的数量,核对货品的名称和编号并检查货品外包装是否完好。

拣货员每拣好一种货品都要在拣货单上做相应的标记,在拣货单中"实拣数量"一栏写下具体数量。若拣货货品数量不足,拣货员需要在拣货单上详细记录,并报仓管员处理。

步骤四 拣货完毕,拣货员签字确认

待拣货单上所有货品拣选完毕,拣货员再次核对货品和数量,正确无误后在拣货单上签名

小贴士

拣货作业涉及两个岗位:制单人与拣货人。其中制单人负责填写拣货单的应拣数量,拣货人负责填写实拣数量。

确认,如表 1-31 所示。

表 1-31

上海现代物流中心
拣货单

作业单号:JHZY200101

货主名称	上海苏宁电器有限公司			出库单号	CK20141201
仓库编号	KF010			制单日期	20×4-09-16

货品明细

序号	库区	储位	货品编号	货品名称	规格	单位	应拣数量	实拣数量	备注
1	数码区	A00101	YMP10-021Q	飞利浦头戴式耳麦	SHM7110U/97	箱	25	25	
2	数码区	A00002	NHP36-202C	漫步者手机耳塞	H180P	箱	25	25	
3	电脑区	B00101	NHP36-268C	双飞燕有线针光鼠标	WM-100	箱	40	40	
4	电脑区	B00001	NHP36-268C	双飞燕有线针光鼠标	WM-100	箱	5	5	
5	电脑区	B00002	NWQ10-359T	罗技无线光电键鼠套装	MK260	箱	20	20	

制单人	胡一鑫	拣货人	张帅

步骤五　送货至复核区,交仓管员复核

拣货员将拣选完毕的货品搬运至复核区,将拣货单及货品交由仓管员进行复核。

> **小知识**
>
> ### 先进先出原则
>
> 　　先进先出原则是指在库存管理中,物品按照入库时间的先后顺序存放,在出库时按照先入库的物品先出库的原则进行操作。先进先出原则可以避免货物长期在库存放而超过其储存期限或增加自然损耗。
>
> 　　仓库中不同时间入库的货品生产日期不同,一般来说先入库的货品生产日期在前,后入库的货品生产日期在后。当然,也有可能出现后面入库的货品生产日期在前,前面入库的货品生产日期在后的情况。因此,入库前一定要进行检查。

【任务小结】

拣货作业是仓储作业中的重要环节,它消耗了物流中心大量的人力、物力,该作业的成本支出在物流管理中占有很大的比例。因此,对拣货作业进行有效的管理,规范流程,制作准确的拣货单据,引入新技术、新方法辅助拣货作业,都将大大提高拣货作业的效率,降低差错率和物流成本。

体验活动　制作拣货单

【任务背景】

20×4 年 3 月 16 日,上海华师物流中心仓管员伍勇接到信息员邵卉发来的编号为 CK2014025 的出库单,如表 1-32 所示,要为货主上海家化有限公司进行出库货品的拣选。

表 1-32

出库单

出库单号:CK2014025

货主名称	上海家化有限公司		发货通知单号	ASN201403160001	
收货客户	上海华联超市安龙店		发货日期	20×4-03-17	
收货地址	上海市长宁区安龙199号	收货人	吴杰	收货人电话	13578591020
货品编号	货品名称	规格	单位	计划数量	实际数量	收货人签收数量	备注

货品编号	货品名称	规格	单位	计划数量	实际数量	收货人签收数量	备注
YMP10-021Q	50 g 六神迷你香皂	50 g	箱	50			
NHP36-202C	500 ml 六神丝瓜水	500 ml	箱	30			
NHP36-268C	100 g 六神深层净化洗面乳	100 g	箱	60			
NWQ10-359T	600 ml 六神去屑洗发露	600 ml	箱	20			
仓管员			制单人	邵卉		收货人	

客户要求 100 g 六神深层净化洗面乳要配 20×3 年 12 月 1 日以后生产的产品。本仓库采用按入库时间先进先出的原则进行出库安排。上海家化有限公司所有货品都存放在编号为 KF010 的仓库中,该货主所有货品的库存情况如表 1-33 所示。

表 1-33

上海家化有限公司库存情况表

库区	储位	货品编号	货品名称	规格	单位	质量状态	库存数量	批次	入库日期
日用品3区	R03011	XSP26-991C	250 ml 六神沐浴乳	250 ml	箱	正常	45	20×31202	20×3-12-24
日用品3区	R03012	XSP26-991C	250 ml 六神沐浴乳	250 ml	箱	正常	45	20×31201	20×3-12-05
日用品3区	R03013	YMP10-021Q	50 g 六神迷你香皂	50 g	箱	正常	40	20×31123	20×3-11-02
日用品3区	R03014	YMP10-021Q	50 g 六神迷你香皂	50 g	箱	正常	40	20×40103	20×4-01-04
日用品4区	B01001	NHP36-202C	500 ml 六神丝瓜水	500 ml	箱	正常	40	20×31101	20×3-11-02
日用品4区	B01002	NHP36-202C	500 ml 六神丝瓜水	500 ml	箱	正常	40	20×31209	20×3-12-19
日用品5区	C02001	NHP36-268C	100 g 六神深层净化洗面乳	100 g	箱	正常	45	20×31212	20×3-12-29
日用品5区	C02002	NHP36-268C	100 g 六神深层净化洗面乳	100 g	箱	正常	35	20×31107	20×3-11-14
日用品5区	C02003	NHP36-268C	100 g 六神深层净化洗面乳	100 g	箱	正常	30	20×40201	20×4-02-04
日用品5区	C02004	NHP36-268C	100 g 六神深层净化洗面乳	100 g	箱	正常	45	20×31210	20×3-12-11
日用品5区	C08003	NWQ10-359T	600 ml 六神去屑洗发露	600 ml	箱	正常	40	20×40102	20×4-01-05
日用品5区	C09003	NWQ10-359T	600 ml 六神去屑洗发露	600 ml	箱	次品	40	20×31111	20×3-11-17

备注：货品批次即货品出厂日期。

【任务要求】

请以仓管员伍勇的身份编制拣货单(表 1-34)，为拣货作业做好准备。

表 1-34

上海华师物流中心
拣货单

作业单号：

货主名称		出库单号	
仓库编号		制单日期	

货品明细									
序号	库区	储位	货品编号	货品名称	规格	单位	应拣数量	实拣数量	备注

制单人　　　　　　　　　　　　　　　拣货人

【任务评价】

评价项目	评价描述	评定结果		
		达到	基本达到	未达到
基本要求	能说出拣货作业的基本流程			
	能说出拣货单证制作涉及的岗位及流转程序			
	能说出拣货的两种常见方式			
	能按照业务要求正确填制拣货单			
综合要求	在完成业务操作中，评价活动的质量；在按要求填写单证内容时，注意与同学合作、交流；对自己完成任务的情况进行小结			

任务六　移库单的制作

【学习目标】

1. 能理解移库作业的应用场景，熟悉库内移库及仓库间移库的作业流程；

2. 能接受移库请求,根据移库需求判断移库类型,准确制作移库单;

3. 能根据移库要求,协同仓库其他部门完成移库作业,及时进行移库单的流转,并根据业务环节进行单据反馈;

4. 能严格遵守仓储企业的作业规范,及时、准确地完成移库作业,并确保移库作业的质量。

货品移库是仓库内常见的作业之一。在日常的仓储管理中,为了优化储位结构,提高仓储效率,常常会对在库的货品进行储位调整。区域间的物品调拨,也会引起货物在同一公司不同仓库间的转移。移库单就是对货品进行移库的指令,也是仓库间进行货物转移的凭据。

教学活动 移库单的制作与流转

【任务背景】

20××年3月18日,上海现代物流中心接到苏州现代物流中心的移库请求,移库请求信息如表1-35所示。

表1-35

苏州现代物流中心的移库请求			
货物编号	货物名称	单位	请求数量
YMP10-021Q	飞利浦头戴式耳麦	箱	6
NHP36-202C	漫步者手机耳塞	箱	10
AKG-Q460	迷你可折叠头戴式耳机	箱	5
LS10-019	奥林巴斯录音笔	箱	2

上海现代物流中心决定将上述货品从上海仓库移库到苏州仓库,制单及实际出库作业均由上海仓库仓管员胡一鑫负责。

当天上午10点,由于上海现代物流中心的库位紧张,仓储部经理王海要求将数码区A00101储位上的5箱飞利浦头戴式耳麦(货物编号为YMP10-021Q)移至该区A00002储位。胡一鑫安排操作员雷海涛负责移库作业。中午12时,雷海涛使用一辆电动叉车完成移库作业,货物数量与包装均正常。

【任务要求】

请以上海现代物流中心仓管员胡一鑫的身份制作移库单,并对移库作业进行反馈。

【任务分析】

货品移库是根据需求调整库存储位的一种手段,货品移库的目的主要有两个:

一是优化储位。如根据货品的周转率,进行ABC分析,对货品进行储位的移动,以优化库存结构。

二是提高仓储效率。如对不满一个扎盘的货品进行拼盘作业,以提高储位的仓储效率。

在仓库的日常作业中,有两种类型的移库作业:

① 货品在不同仓库间的调拨。
② 货品在仓库内储位的调整。

这两种移库作业分别使用不同样式的移库单，如表 1-36 和表 1-37 所示。

不同仓库间移库作业使用：

表 1-36

移库单

编号：
发货仓库：　　　　　　　收货仓库：　　　　　　　制单日期：

货物编号	货物名称	单位	请发数量	实发数量	实收数量
发货仓库填写			收货仓库填写		
制单人			收货人		
出库人					
发货日期			收货日期		

同一仓库内移库作业使用：

表 1-37

移库单

编号：

下达日期		执行日期			
调用资源					
资源名称	负责人		数量		
货品信息					
品名	单位	源位置	目标位置	应拣数量	实拣数量	实存数量	备注
制单人			移库作业人				

【任务实施】

步骤一　接受移库请求，制作移库单

仓管员胡一鑫根据苏州仓库的移库请求，首先进行货物库存查询。查询中，胡一鑫发现漫步者手机耳塞已无库存。经过与苏州仓库沟通，确认该货物无法满足移库需求，其他货物均按请求数量移库。胡一鑫随即编制了移库单（作业编号为YKZY2099031801），如表1-38所示，并安排操作员雷海涛进行移库出库作业。

表1-38

移库单

编号：YKZY2099031801

发货仓库：上海仓库		收货仓库：苏州仓库		制单日期：20××-03-18	
货物编号	货物名称	单位	请发数量	实发数量	实收数量
YMP10-021Q	飞利浦头戴式耳麦	箱	6		
AKG-Q460	迷你可折叠头戴式耳机	箱	5		
LS10-019	奥林巴斯录音笔	箱	2		
发货仓库填写				收货仓库填写	
制单人	胡一鑫			收货人	
出库人					
发货日期				收货日期	

同时，仓管员胡一鑫对本库区内货物的储位调整制作了编号为YKZY2099031802的移库单，如表1-39所示，也交给了雷海涛进行移库作业。

表1-39

移库单

编号：YKZY2099031802

下达日期	20××-03-18	执行日期	20××-03-18				
调用资源							
资源名称	负责人			数量			
操作员	胡一鑫			1人			
电动叉车	胡一鑫			1辆			
货品信息							
品名	单位	源位置	目标位置	应拣数量	实拣数量	实存数量	备注
飞利浦头戴式耳麦	箱	数码区A00101储位	数码区A00002储位	5			
制单人	胡一鑫			移库作业人			

步骤二　操作员进行货物移库、出库处理

操作员雷海涛根据两张移库单进行货物下架及出库作业,货物数量及包装均正常。作业完毕后,雷海涛分别在移库单上进行反馈,如表1-40和1-41所示。

其中,移库至苏州仓库的货物,雷海涛拣货后交至运输部进行运输安排。

5箱的飞利浦头戴式耳麦由A00101储位下架后,随即上架至A00002储位,移库作业完成。

表1-40

移库单

编号：YKZY2099031801

发货仓库：上海仓库			收货仓库：苏州仓库		制单日期：20××-03-18
货物编号	货物名称	单位	请发数量	实发数量	实收数量
YMP10-021Q	飞利浦头戴式耳麦	箱	6	6	
AKG-Q460	迷你可折叠头戴式耳机	箱	5	5	
LS10-019	奥林巴斯录音笔	箱	2	2	
发货仓库填写			收货仓库填写		
制单人	胡一鑫		收货人		
出库人	雷海涛				
发货日期	20××-03-18		收货日期		

表1-41

移库单

编号：YKZY2099031802

下达日期	20××-03-18		执行日期		20××-03-18		
调用资源							
资源名称	负责人			数量			
操作员	胡一鑫			1人			
电动叉车	胡一鑫			1辆			
货品信息							
品名	单位	源位置	目标位置	应拣数量	实拣数量	实存数量	备注
飞利浦头戴式耳麦	箱	数码区 A00101 储位	数码区 A00002 储位	5	5	5	
制单人	胡一鑫			移库作业人	雷海涛		

步骤三 货物发至苏州仓库,收货仓库进行验收

3月19日上午,苏州仓库仓管员陆翔在接收货物中发现奥林巴斯录音笔(编号为LS10-019)实际到货数量为1箱,经过与上海仓库沟通、调查,确定为运输环节出现问题,决定以实际到货数量入库,并根据实际到货数量在移库单上进行反馈,如表1-42所示。

表1-42

<table>
<tr><td colspan="6" align="center">移库单</td></tr>
<tr><td colspan="4">发货仓库:上海仓库　　收货仓库:苏州仓库</td><td colspan="2">编号:YKZY2099031801
制单日期:20××-03-18</td></tr>
<tr><td>货物编号</td><td>货物名称</td><td>单位</td><td>请发数量</td><td>实发数量</td><td>实收数量</td></tr>
<tr><td>YMP10-021Q</td><td>飞利浦头戴式耳麦</td><td>箱</td><td>6</td><td>6</td><td>6</td></tr>
<tr><td>AKG-Q460</td><td>迷你可折叠头戴式耳机</td><td>箱</td><td>5</td><td>5</td><td>5</td></tr>
<tr><td>LS10-019</td><td>奥林巴斯录音笔</td><td>箱</td><td>2</td><td>2</td><td>1</td></tr>
<tr><td colspan="3">发货仓库填写</td><td colspan="3">收货仓库填写</td></tr>
<tr><td>制单人</td><td colspan="2">胡一鑫</td><td>收货人</td><td colspan="2">陆翔</td></tr>
<tr><td>出库人</td><td colspan="2">雷海涛</td><td></td><td colspan="2"></td></tr>
<tr><td>发货日期</td><td colspan="2">20××-03-18</td><td>收货日期</td><td colspan="2">20××-03-19</td></tr>
</table>

小贴士

为分清责任,跨仓库间的货品移库需要明确请发数量、实发数量即源仓库出库数量,以及目的库实收数量,做好货品数量及包装的复核,以保证在库货品的质量。

【任务小结】

移库作业的流程如下:

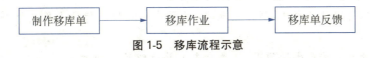

图1-5　移库流程示意

体验活动　制作稽库单

【任务背景】

伍勇作为上海华帅物流中心仓管员,在20××年3月19日对一号仓库进行盘点时发现仓库有些储位利用率不高,有少量不整托的同批次康师傅牛肉面占用储位,因此伍勇对康师傅牛肉面进行了移库作业,以提高仓库的利用率。将食品区A10010储位的5箱、A10012储位的10箱康师傅牛肉面全部移至食品区A10011储位上。

模块一　仓储单证　39

伍勇安排操作员裴鼎于20××年3月20日使用一辆半自动堆高车进行移库作业。操作员裴鼎在移库过程中,移库货物数量与质量均正常。

【任务要求】

请以伍勇的身份编制编号为 YKZY2099032001 的移库单(填制表 1-37),并在操作员完成移库作业后对移库单进行反馈。

【任务评价】

评价项目	评价描述	评定结果		
		达到	基本达到	未达到
基本要求	能说出移库作业的目的			
	能说出移库单证制作涉及的岗位及流转程序			
	能说出货物移库的作业流程			
	能按照业务要求正确填制移库单			
综合要求	在完成业务操作中,评价活动的质量;在按要求填写单证内容时,注意与同学合作、交流;对自己完成任务的情况进行小结			

任务七　盘点单的制作

【学习目标】

1. 能理解盘点的作业方式及盘点方法,掌握不同方式下的盘点作业流程;
2. 能根据不同的盘点方式,做好盘点的准备;
3. 能根据不同的盘点方法,制作盘点单,根据作业流程进行盘点单流转并对盘点结果进行反馈;
4. 能理解盘点异常产生的原因,熟悉盘点差异处理的几种方法;
5. 能严格遵守仓储企业的作业规范,树立质量意识,通过盘点对仓储管理作业进行反思,进一步提高仓储管理的质量。

盘点是仓库保管作业中一项重要的日常工作。货品在仓库作业中因进出库频繁、计量误差、记录不实、自然损耗、异常损耗等原因,均有可能发生库存实物数量与信息系统数量不符的情况。对库存货品进行定期、不定期的盘点,就可以及时发现账物不符的问题,进而查明账物差异发生的原因并调整账面数量,最终获得准确的库存情况。

教学活动　盘点单的制作与流转

【任务背景】

上海现代物流中心为确保仓储管理系统货品管理的准确性,以及评估仓库作业管理的效率,实行月清月结的盘点制度。20××年9月30日,仓管员胡一鑫接到仓储部经理王海的指示,对KF001号仓库的日用品区进行盘点,盘点采用盲盘的方式。日用品区中存放在A排的货物基本信息如表1-43所示。

表1-43

日用品区货品信息

货物编号	货物名称	储位区间	规格
35241126	奥妙净蓝全效洗衣粉	A排 A00000 – A00002	20袋/箱
35241130	奥妙无磷洗衣粉	A排 A00100 – A00102	4桶/箱
32121689	力士柔亮洗发乳	A排 A00003 – A00005	50瓶/箱
32127680	力士柔亮润发乳	A排 A00103 – A00105	50瓶/箱

【任务要求】

请以上海现代物流中心仓管员胡一鑫的身份安排盘点员进行盘点作业,并完成盘点单的反馈。

【任务分析】

仓库盘点的作业方式通常有两种:表单盘点和RF盘点。其中,表单盘点是比较传统的盘点方法,适用于各种类型的仓储企业,盘点员盘点的依据是盘点单;RF盘点是相对先进的方法,盘点员可使用RF盘点设备进行盘点,盘点的依据是RF终端显示的货品信息。

盘点的方法也通常有两种:盲盘法和明盘法。盲盘法是指盘点员不看货品库存报表,直接核查货品,抄录货品数量,核查货品质量,抄录完毕后,再和库存报表对比。明盘法则与盲盘法相反,需要盘点员拿着库存报表清点实物。

【任务实施】

步骤一　确定盘点方式,进行盘点准备

很显然,上海现代物流中心的盘点采取的是盲盘表单式盘点。在这种盘点方式下,仓管员需要安排好盘点的人员,准备相应的盘点工具,为盘点做好准备。同时,为提高盘点作业的效率和盘点结果的准确性,还需对储存场地进行清理。清理工作主要包括以下几个方面的内容:

① 对已经入库的货品进行整理,归入储位;对未验收入库的货品应区分清楚,避免混淆。

② 盘点场所关闭前应提前通知,将需要出库的货品提前准备好。

③ 预先鉴别变质、损坏的货品。对储存场所堆码的货品进行整理,特别是对散乱的货品进行收集和整理,以方便盘点时计数。

20××年9月30日17点,仓管员胡一鑫安排盘点员许霞对日用品区A排进行盘点作业,作业单号为PDZY2099033101。

步骤二　盘点员进行盘点作业,并做记录

9月30日下午17时,KF001号仓库的日用品区货物的库存情况如图1-6所示。

	A00100	A00101	A00102	A00103	A00104	A00105
A排	奥妙无磷洗衣粉 20箱	奥妙无磷洗衣粉 20箱	无	力士柔亮润发乳 35箱	力士柔亮润发乳 5箱	无
	A00000	A00001	A00002	A00003	A00004	A00005
	奥妙净蓝全效洗衣粉 10箱	无	奥妙净蓝全效洗衣粉 20箱	无	力士柔亮洗发乳 40箱	无

图1-6　KF001号仓库日用品区库存情况

盘点员许露持空白盘点单到现场进行实物盘点,清点货物数量,核查货物的质量,并在盘点单上记录盘点信息。

盘点过程中,盘点员许露发现在A00002储位上的20箱奥妙净蓝全效洗衣粉中,有1箱外包装破损,其余货品无异常。

盘点完毕后,盘点员许露填制的盘点单如表1-44所示。

表1-44

盘点单

盘点单号:PDZY2099033101

仓库编号			KF001			制单日期		20××-09-30	
货品信息									
库区	储位	货品编号	货品名称	规格	单位	系统库存情况	实际数量	盈亏数量	损坏数量	备注
日用品区	A00000	35241126	奥妙净蓝全效洗衣粉	20袋/箱	箱		10	0		
日用品区	A00002	35241126	奥妙净蓝全效洗衣粉	20袋/箱	箱		20		1	
日用品区	A00004	32121689	力士柔亮洗发乳	50瓶/箱	箱		40	0		
日用品区	A00100	32121689	奥妙无磷洗衣粉	4桶/箱	箱		20	0		
日用品区	A00101	35241130	奥妙无磷洗衣粉	4桶/箱	箱		20			
日用品区	A00103	32127680	力士柔亮润发乳	50瓶/箱	箱		35	0		
日用品区	A00104	32127680	力士柔亮润发乳	50瓶/箱	箱		5	0		
制单人						盘点人		许露	

步骤三　仓管员胡一鑫将 WMS 系统库存情况填入盘点单,并进行盘点差异分析

盘点员许露完成盘点任务后,将实际盘存情况在盘点单上做好记录,并在盘点人一栏签字确认后将盘点单交给仓管员胡一鑫。仓管员胡一鑫打开 WMS 系统,查询 KF001 库房日用品区 A 排的库存情况,发现 A00004 储位上的力士柔亮洗发乳库存显示为 42 箱,A00104 储位上的力士柔亮润发乳库存显示为 4 箱,其余货物数量与实际盘存数量一致。胡一鑫将系统库存数量如实地填写在盘点单上,并将系统库存数量与实际盘存结果进行分析,填写盈亏数量,如表 1-45 所示。

表 1-45

盘点单

盘点单号:PDZY2099033101

仓库编号		KF001			制单日期		20ＸＸ-09-30	
货品信息								
库区	储位	货品编号	货品名称	规格	单位	系统库存情况	实际数量	盈亏数量	损坏数量	备注

库区	储位	货品编号	货品名称	规格	单位	系统库存情况	实际数量	盈亏数量	损坏数量	备注
日用品区	A00000	35241126	奥妙净蓝全效洗衣粉	20袋/箱	箱	10	10	0	0	
日用品区	A00002	35241126	奥妙净蓝全效洗衣粉	20袋/箱	箱	20	20	0	1	
日用品区	A00004	32121689	力士柔亮洗发乳	50瓶/箱	箱	42	40	亏2	0	
日用品区	A00100	32121689	奥妙无磷洗衣粉	4桶/箱	箱	20	20	0	0	
日用品区	A00101	35241130	奥妙无磷洗衣粉	4桶/箱	箱	20	20	0	0	
日用品区	A00103	32127680	力士柔亮润发乳	50瓶/箱	箱	35	35	0	0	
日用品区	A00104	32127680	力士柔亮润发乳	50瓶/箱	箱	4	5	盈1	0	
制单人		胡一鑫				盘点人		许露		

当实际盘存数量大于系统库存数量时,称之为"盈";当实际盘存数量小于系统库存数量时,称之为"亏"。

步骤四　仓管员进行盘点差异分析与处理

盘点会将一段时间以来积累的作业误差,以及其他原因引起的账物不符的情况暴露出来。一旦发现账物不符,而且差异超过容许误差时,应立即追查差异产生的原因。

> **小知识**
>
> **实际盘存数量与系统库存数量不符的常见原因**
> (1) 记账员登录数据时发生错登、漏登。
> (2) WMS 系统管理制度和流程不完善,导致数据出错。
> (3) 盘点时发生漏盘、重盘、错盘现象,造成盘点结果出现错误。
> (4) 盘点前数据资料未结清,使账面数不准确。
> (5) 出入库作业产生误差。
> (6) 货物损坏、丢失等。

查清原因后,为了使账面与实物数保持一致,还需要对盘点盈亏和报废品进行调整,进行差异处理。

> **小知识**
>
> **盘点差异处理的几种方法**
> (1) 由于人为盘点操作不规范导致的盘点差异,可通过复盘解决。
> (2) 由于账务制度造成的盘点差异,应由主管部门调整和完善制度。
> (3) 盈处理:及时上报领导审批后再调整账务并加强管理。
> (4) 亏处理:如发错货,仓库应给予主管责任人适当处罚,并安排人员尽快追回货品;如因管理不善而丢失货品,则应与客户进行沟通,以赔偿等方式解决问题。
> (5) 分析盘点产生差异的原因并制定对策,向上级主管部门就盘点差异的处理方法进行批示。

【任务小结】

盘点作业对维护仓库库存货品信息的完整、准确有着相当重要的意义。经常性的盘点作业有助于仓库及时发现问题、分析原因、处理问题并改进仓库管理工作,提高仓库的管理水平和管理效率。

盘点人员在盘点期间,必须认真核对实物的品名、数量、物料编号,做到准确无误。对实物形状过小的原料,还要借助一定的计量工具,如:电子秤、卡尺等,进行专门的称量、计算。对于贵重材料成品,还要进行重点记录、精确计量。

体验活动　制作盘点单

【任务背景】

20×4 年 2 月 16 日,上海天宝物流中心订单中心的计划员韩宇收到来自货主上海市 GREEN 服装有限公司的发货通知单,发货通知单信息如表 1-46 所示。

表 1-46

上海市 GREEN 服装有限公司
发货通知单

发货通知单号：ASN209904160007

收货客户：上海新世界百货有限公司　　收货地址：上海市福田区梅华路 300 号
收货人：魏涛　　　　　　　　　　　　收货人电话：021-89890012　　发货日期：20×4 年 2 月 17 日
发货仓库：上海天宝物流中心　　　　　仓库地址：上海市宝安区石岩物流园 299 号　　仓库类别：第三方物流仓库
仓库联系人：韩宇　　　　　　　　　　仓库电话：021-89430128

序号	货品编号	货品名称	规格	单位	计划数量	实际数量	备注
1	CMS15-105P	GREEN 男士格子短袖衬衣	10 件/箱	箱	30		
2	NWP49-276T	GREEN 女士雪纺衬衫	8 件/箱	箱	40		
3	CMS19-429X	GREEN 男士简约休闲西装	5 套/箱	箱	10		
				合计	80		

制单人：严明　　　　　　　审核人：徐静　　　　　　　第 1 页 共 1 页

计划员韩宇将发货通知单交接给仓储部专门负责上海市 GREEN 服装有限公司货品的仓管员王波。王波首先根据发货通知单查询库存情况，上海市 GREEN 服装有限公司所有货品都存放在编号为 KF009 的仓库，库存情况如表 1-47 所示。

表 1-47

上海市 GREEN 服装有限公司的库存情况

库区	储位	货品编号	货品名称	规格	单位	质量状态	库存数量	批次	入库日期
服装 2 区	C01021	CMS26-991T	GREEN 男士休闲 T 恤	10 件/箱	箱	正常	45	20×30201	20×3-02-01
服装 2 区	C01022	CMS26-991T	GREEN 男士休闲 T 恤	10 件/箱	箱	正常	45	20×30202	20×3-02-05
服装 2 区	C01023	CMS10-021Q	GREEN 男士 POLO 衫	10 件/箱	箱	正常	40	20×30301	20×3-03-02
服装 2 区	C01024	CMS10-021Q	GREEN 男士 POLO 衫	10 件/箱	箱	正常	40	20×30123	20×3-01-04
服装 3 区	C02011	CMS15-105P	GREEN 男士格子短袖衬衣	10 件/箱	箱	正常	40	20×30201	20×3-02-19
服装 3 区	C02012	CMS15-105P	GREEN 男士格子短袖衬衣	10 件/箱	箱	正常	40	20×30119	20×3-03-01

续表

库区	储位	货品编号	货品名称	规格	单位	质量状态	库存数量	批次	入库日期
服装3区	C02021	NWP49-276T	GREEN女士雪纺衬衫	8件/箱	箱	正常	20	20×30110	20×3-03-29
服装3区	C02022	NWP49-276T	GREEN女士雪纺衬衫	8件/箱	箱	正常	20	20×30210	20×3-02-14
服装4区	C02001	NWP49-276T	GREEN女士雪纺衬衫	8件/箱	箱	正常	45	20×30208	20×3-04-04
服装4区	C02002	NWP49-276T	GREEN女士雪纺衬衫	8件/箱	箱	正常	45	20×30401	20×3-04-01
服装4区	C07003	CMS19-429X	GREEN男士简约休闲西装	5套/箱	箱	正常	20	20×30228	20×3-02-05
服装4区	C08003	CMS19-429X	GREEN男士简约休闲西装	5套/箱	箱	正常	8	20×30228	20×3-01-17

仓管员王波根据以上库存信息和按货品入库时间先入先出的原则,于20×4年2月17日编制了出库单和拣货单,当天下午,拣货员姜伟平按拣货单完成所有的拣货作业并根据拣货情况对出库单进行反馈,所需货品没有出现库存不足等异常情况。并于当天下午把出库单和出库的货品一起交给配送部,由配送部进行配送。

根据公司日清日结的规定,20×4年2月17日下班前,仓管员王波根据库存对上海市GREEN服装有限公司所有货品按库区分别编制了服装2区(盘点单号为ST0004005)、服装3区(盘点单号为ST0003002)和服装4区(盘点单号为ST0003003)的三张盘点单,其中服装4区的C07003储位中的GREEN男士简约休闲西装盘点数量多1箱,其余储位盘点数量与账面数量相符。

服装4区的盘点单交给理货组理货员陈晓进行盘点,理货员陈晓盘点后,将实际盘点结果在盘点单上进行反馈。

【任务要求】

上海天宝物流中心的盘点作业采取的是盲盘的方式,请以理货员陈晓的身份制作单号为ST0007003的盘点单(填制表1-48)。

表 1-48

盘点单

盘点单号：

仓库编号						制单日期				
货品信息										
库区	储位	货品编号	货品名称	规格	单位	系统库存情况	实际数量	盈亏数量	损坏数量	备注
制单人						盘点人				

【任务评价】

评价项目	评价描述	评定结果		
		达到	基本达到	未达到
基本要求	能说出盘点作业的基本流程			
	能说出盘点单制作涉及的岗位及流转程序			
	能说出货物盘点的作业要求			
	能按照业务要求正确填制盘点单			
综合要求	在完成业务操作中，评价活动的质量；在按要求填写单证内容时，注意与同学合作、交流；对自己完成任务的情况进行小结			

拓展阅读　WMS 仓库管理系统

随着仓储物流行业竞争日益激烈，越来越多的企业意识到，企业间的竞争实质上是企业的作业效率和成本控制能力的竞争。为了有效控制并跟踪仓库业务的物流和成本管理全过程，WMS（仓库管理系统）应运而生。大部分 WMS 产品是从 ERP（企业资源计划）产品发展而来的，能够实现仓库业务单据的信息化，记录仓库作业所处理的订单、货物信息。

但是，由于业务规模的不断发展，企业面临的业务模式更加复杂，相应的作业效率和成本控制对管理工作提出了更高水平的要求。

一、什么是 WMS?

WMS 是仓库管理系统(Warehouse Management System)的缩写。企业仓库管理系统是一款标准化、智能化过程导向管理的仓库管理软件,它结合了众多知名企业的实际情况和管理经验,能够准确、高效地管理跟踪客户订单、采购订单,以及实现仓库的综合管理。

使用 WMS 后,仓库管理模式发生了彻底的转变。从传统的"结果导向"转变成"过程导向";从"数据录入"转变成"数据采集",同时兼容原有的"数据录入"方式;从"人工找货"转变成"导向定位取货";同时引入了"监控平台"让管理更加高效、快捷。WMS 的条码管理实质是过程管理,过程精细可控,结果自然正确无误。

WMS 给用户带来了巨大效益,主要表现在:
(1) 数据采集及时、过程精准管理、全自动化智能导向,提高工作效率;
(2) 库位精确定位管理、状态全面监控,充分利用有限仓库空间;
(3) 货品上架和下架,全智能按先进先出自动分配上下架库位,避免人为错误;
(4) 实时掌控库存情况,合理保持和控制企业库存;
(5) 通过对批次信息的自动采集,实现了对产品生产或销售过程的可追溯性。

更为重要的是,条码管理促进企业管理模式的转变,从传统的依靠经验管理转变为依靠精确的数字分析管理,从事后管理转变为事中管理、实时管理,加速了资金周转,提升供应链响应速度,这些必将增强企业的整体竞争能力。

二、WMS 核心功能及特点

运用由计算机控制的仓库管理系统的目的是独立实现仓储管理各种功能:收货、在正确的地点存货、存货管理、定单处理、分拣和配送控制。

WMS 将关注的焦点集中于对仓储执行的优化和有效管理,同时延伸到运输配送计划和与上下游供应商客户的信息交互,从而有效提高仓储企业、配送中心和生产企业的仓库的执行效率和生产率,降低成本,提高企业客户的满意度,从而提升企业的核心竞争力。

WMS 一般具有以下几个功能模块:单独订单处理管理及库存控制、基本信息管理、物流管理、信息报表、收货管理、拣选管理、盘点管理、移库管理、打印管理和后台服务系统。

WMS 系统可通过后台服务程序实现同一客户不同订单的合并和订单分配,对基于 PTL(pick to light,亮灯自动拣选系统)、RF(radio frequency,射频技术)、纸箱标签方式的上架、拣选、补货、盘点、移库等操作进行统一调度、下达指令,并实时接收来自 PTL、RF 和终端 PC 的反馈数据。整个软件业务与企业仓库物流管理各环节吻合,实现了对库存商品管理实时有效的控制。

下面介绍几个 WMS 的基本功能:

(一) 货位管理

采用数据收集器读取产品条形码,查询产品在货仓中的具体位置(如 X 产品在 A 货区 B 航道 C 货位),实现产品的全方位管理。通过终端或数据收集器实时地查看货位货量的存储情况、空间大小及产品的最大容量,管理货仓的区域、容量、体积和装备限度。

(二) 产品质检

产品包装完成并粘贴条码之后,运到仓库暂存区由质检部门进行检验。质检部门对检验不合格的产品扫描其包装条码,并在采集器上做出相应记录,检验完毕后把采集器与计算机进行连接,把数据上传到系统中;对合格产品生成质检单,由仓库保管人员执行生产入库操作。

（三）产品入库

从系统中下载入库任务到采集器中，入库时扫描其中一件产品包装上的条码，在采集器上输入相应数量，扫描货位条码（如果入库任务中指定了货位，则采集器自动进行货位核对），采集完毕后把数据上传到系统中，系统自动对数据进行处理。数据库中记录此次入库的品种、数量、入库人员、质检人员、货位、产品生产日期、班组等所有必要信息，系统自动对相应货位的产品进行累加。

（四）物料配送

根据不同货位生成的配料清单包含非常详尽的配料信息，包括配料时间、配料工位、配料明细、配料数量等。相关保管人员在拣货时，系统可以根据这些条码信息自动形成预警，对错误配料的明细和数量信息都可以进行预警提示，极大地提高了仓库管理人员的工作效率。

（五）产品出库

产品出库时仓库保管人员凭销售部门的提货单，根据先入先出原则，从系统中找出相应产品数据下载到采集器中，制定出库任务，到指定的货位，先扫描货位条码（如果货位错误则采集器进行报警），然后扫描其中一件产品的条码，如果满足出库任务条件则输入数量执行出库，并核对或记录下运输单位及车辆信息（以便以后产品跟踪及追溯使用）；如果不满足出库任务条件，则采集器可报警提示。

（六）仓库退货

根据实际退货情况，扫描退货物品条码，导入系统生成退货单，确认后生成退货明细和账务的核算等。

（七）仓库盘点

根据公司制度，在系统中根据要进行盘点的仓库、货物品种等条件制定盘点任务，把盘点信息下载到采集器中，仓库工作人员通过到指定区域扫描产品条码、输入数量的方式进行盘点，采集完毕后把数据上传到系统中，生成盘点报表。

（八）库存预警

根据企业实际情况为仓库总量、每个商品存量设置上下警戒线。当库存数量接近或超出警戒线时，系统会进行报警提示，帮助企业及时地进行生产、销售等方面的调整，优化企业的生产和库存。

（九）质量追溯

企业可根据各种属性如生产日期、品种、生产班组、质检人员、批次等对相关产品的流向进行每个信息点的跟踪；同时也可以根据相关产品属性、操作点信息等对产品进行向上追溯。

（十）信息查询与分析报表

在此系统基础上，可根据需要设置多个客户端，为不同的部门设定不同的权限，无论是生产部门、质检部门、销售部门，还是决策部门都可以根据所赋权限在第一时间内查询到相关的生产、库存、销售等各种可靠信息，并进行数据分析。同时，各部门可生成并打印所规定格式的报表。

四、WMS可以为企业解决什么问题

（一）管理模式系统化

科学的货品类别管理是仓库管理的首要目的。现代颇具规模的中小企业在仓库管理中，有很多都为此付出了巨大的人力、财力；而中小企业仓库管理系统的使用，不但节约了这些人力和财力，更提高了仓库管理的效率，使仓库类别管理轻松实现。

（二）库存管理清晰化

WMS的计算和记录功能可以使数量统计轻松实现。仓库管理者在日常的进货过程中只要进行进货登记，在出货销售的过程中再进行出货登记，软件就可以自动记录和计算仓库中货物种类、型号的数量的变化。仓库管理者面对电脑，只要轻轻一点，统计数据瞬间一目了然。

（三）仓库管理精细化

企业经由WMS将仓储作业流程全部管控以后，对于员工的操作要求、环节的对接，提出了约束，也提供了指导，轻松实现仓库的精细化管理。一般由传统管理模式变成采用WMS进行管理后，仓库的作业效率至少提升30%以上。

（四）WMS能规范出入库、盘点等全流程作业

通过WMS仓库管理系统对仓库进行管控，能够实现企业对流动作业的管控，使仓库出入库、盘点、退货等全流程作业规范化。

（五）实时掌握库存状况，提高决策准确性

WMS通过对信息的有效记录，以及与其他操作功能数据的实时对接，能够准确反映库存情况，为企业决策者提供有力的决策依据。

（六）自动进行报表统计，节约人力物力

仓库人员可以对系统进行各类设置，系统会自动进行所需数据的汇总，自动生成各类报表，方便企业人员及时查看。

（七）优化仓储物流过程

通过数据采集和控制解决方案优化仓储物流过程，提高产出。

（八）生产、仓储、物流可追溯

通过WMS强大的条码/RFID（射频识别技术），做到每件产品有据可查，每件产品都可以溯源。

（九）提高订单的处理效率

订单同步到WMS系统，仓库管理人员可以利用手持终端机下载订单并同时进行发货，提高订单的处理效率。

模块二　运输单证

运输是指用设备和工具,将物品从一个地点向另一个地点运送的物流活动。其中包括集货、分配、搬运、中转、装入、卸下、分散等一系列操作。一票运输业务,要经过业务受理、取货、集货、装车发运、在途跟踪、到达卸货、送货签收等环节,将运输货物送达至指定地点,运输业务流程如图 2-1 所示。

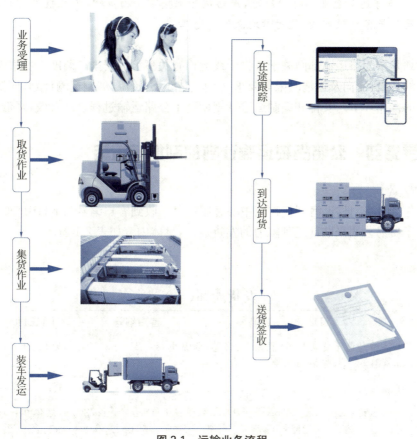

图 2-1　运输业务流程

运输是物流的主要功能要素之一,实现了物品空间上的转移。从古代丝绸之路上的驼队,到蒸汽时代的海上船舶,再到现代社会的集装箱运输等,各种运输方式都在不同的时代实现了物品在较大范围空间位置的移动,促进了各地商业和文化的发展,创造了物品的空间效应和时间效应。运输单证的制作贯穿整个运输过程,是运输过程中必不可少的管理手段之一。掌握运输单证的填制方法和流转方式,能控制运输作业的每个环节,保证整个运输业务顺利进行。根据运输方式的不同,运输可分为公路运输、水路运输和铁路运输,不同运输方式的运输单据也不尽相同。

任务一 公路货物运输计划的制作

【学习目标】

1. 能理解公路货物运输计划的含义,明确运输计划在公路运输业务组织中的作用;
2. 能审核客户的发货通知,并根据公司的业务范围,判断是否可以受理;
3. 能根据受理的业务,汇总关键业务信息,合理安排运力;
4. 能区分经停站与目的站,并根据运力安排,完成运输计划的编制;
5. 能严格遵守运输企业的作业规范,严格执行承接货物的审核,树立服务意识,对不能承接的货物能及时与客户联系,礼貌耐心地做好沟通工作。

运输计划是指公路运输部门关于货物干线运输有关事宜的安排。调度人员根据本站始发及转运货物的货量、流向及运输时限等要求,合理选择运力资源,编制运输计划,向执行调度下达作业指令的操作环节。安排和编制运输计划使整个公路运输过程合理有效,降低运输成本。

教学活动 公路货物运输计划的制作与流转

【任务背景】

20××年9月14日,上海现代物流中心客服沈月华收到客户编号为KHBH003的供应商上海神舟电子贸易公司采购部经理陈力的发货通知,具体内容如表2-1所示。

表2-1

发货通知(一)			
托运单号	YD20990091501	客户编号	KHBH003
托运人	上海神舟电子贸易公司,联系人:张慧,联系电话:021-63470493,地址:上海市虹口区江湾路55号,邮编:200081			
包装方式	纸箱			
货物详情	货物名称:主板GA-Z68XP-UD3P,数量:80箱,总重量:2720 kg,总体积:7.68 m³;独立显卡GV-N52128TE,数量:20箱,总重量:660 kg,总体积:1.92 m³			
收货人	北京华胜公司,地址:北京市朝阳区工体北路100号,联系人:周明明,电话:010-51909206,邮编:100027			
托运要求	(1)要求上门取货和送货,取货地联系信息与托运人联系信息相同,送货地联系信息与收货人联系信息相同 (2)要求20××年9月17日18时之前送到目的地			
结算	结算方式:月结			

当天,上海现代物流中心还收到两份发货通知,具体内容如表2-2和表2-3所示。

表2-2

发货通知(二)

托运单号	YD20990091502	客户编号	KHBH105
托运人	上海宝翔电器有限公司,联系人:赵强,联系电话:021-62999301,地址:上海市虹口区汶水路38号,邮编:200437		
包装方式	纸箱		
货物详情	货物名称:SONY录像机,数量:80箱,单位重量:22 kg,单位体积:0.08 m^3		
收货人	上海宝翔电器有限公司天津办事处,地址:天津市西青区大明路1200号,联系人:黄茵,电话:022-27393456,邮编:300111		
托运要求	(1) 要求上门取货和送货,取货地联系信息与托运人联系信息相同,送货地联系信息与收货人联系信息相同 (2) 要求20××年9月17日18时之前送到目的地		
结算	结算方式:月结		

表2-3

发货通知(三)

托运单号	YD20990091503	客户编号	KHBH004
托运人	上海富强电器厂,联系人:郝伟,联系电话:021-64351003,地址:上海市虹口区江湾路1001号,邮编:200081		
包装方式	纸箱		
货物详情	货物名称:夏普液晶电视机LEX-201,数量:60箱,总重量:900 kg,总体积:5.4 m^3		
收货人	苏宁电器白云店,联系人:管丽华,联系电话:020-71233445,地址:广东省广州市白云路133号,邮编:510100		
托运要求	客户自提自送		
结算	结算方式:现结		

上海现代物流中心客服沈月华审核完三个客户的业务申请后,将订单提交给调度员赵阳进行操作。

接到这三份发货通知,调度员赵阳根据作业情况和公司现有运力情况,编制计划单号为YSJH209904991的运输计划,并安排取货作业及行驶路线为"上海—天津—北京"的班车将货物装车发运。

20××年9月15日22时,班车从上海站发车,预计20××年9月16日12时到达天津站,14时从天津站出发,于同日17时到达北京站。

【任务要求】

请以上海现代物流中心调度员赵阳的身份制作运输计划。

【任务分析】

编制运输计划,主要从干线运输优化的角度考虑,首先汇总分析客户发来的发货通知,根据客户运输需求、货物货量、货物流向和货物属性安排干线运输车辆和司机。

运输计划一般有三联,分为计划联、执行联和统计联。第一联是计划联,计划调度应结合资源,均衡流量、流向及时限,填写运输计划,并留存第一联,其他两联交予执行调度;第二联是执行联,执行调度据此填写集货单;第三联是统计联,用于登记运输统计台账。

运输计划常用格式如表 2-4 所示。

表 2-4

运输计划

发运时间: 　　年　　月　　日　　编号:

车牌号	核载(吨)	车容(m^3)		始发站	经停站	目的站
计费里程(km)	司机	联系方式	到达时间			
全里程(km)	备用金(元)	预计装载量(kg)	发车时间			

经停站									
发货人	发货地址	货物名称	包装方式	数量(件)	总重量(kg)	总体积(m^3)	收货人	收货地址	收货时间	备注

目的站									
发货人	发货地址	货物名称	包装方式	数量(件)	总重量(kg)	总体积(m^3)	收货人	收货地址	收货时间	备注

【任务实施】

步骤一　客户人员受理业务

接到三个客户的业务申请后,上海现代物流中心客服沈月华审核客户发货通知,对货品信息、运输方式、客户要求等方面进行分析,确认三笔业务公司都能受理,于是她整理汇总当天客户发货信息,并传递给公司调度部门,以便后续运输业务作业环节的展开,如图 2-2 所示。

图 2-2　客服人员受理业务

> **小贴士**
>
> 　　客服人员在收到客户发来的货物运输业务申请时,应仔细审核,如果客户需要托运长、大、笨重的货物、危险货物、鲜活易腐等特种货物,而物流公司暂不受理特种货物运输时,客服人员应礼貌及时地向客户解释不能受理的原因。

步骤二　调度人员分析发货通知,查阅公司运力

接到这三份发货通知,调度员赵阳查阅全国(部分)主要城市间公路里程参照表,如表 2-5 所示,并对三份发货通知进行分析,如表 2-6 所示。

表 2-5　　　　　　　全国(部分)主要城市间公路里程参照表(单位:km)

上海	上海				
杭州	180	杭州			
广州	1480	1300	广州		
天津	1100	1154	2130	天津	
北京	1300	1578	2200	200	北京

表 2-6　　　　　　　　　　　运输业务分析

分析项目	YD20990091501	YD20990091502	YD20990091503
货品属性	电子产品	电子产品	电子产品
货品运量	总重量:3380 kg,总体积:9.6 m³	总重量:1760 kg,总体积:6.4 m³	总重量:900 kg,总体积:5.4 m³
货品包装	纸箱	纸箱	纸箱
货品流向	上海—北京	上海—天津	上海—广州
运输距离	1300 km	1100 km	1480 km
到货时间	20××年9月17日18时之前	20××年9月17日18时之前	客户自提

调度员赵阳根据分析,得出托运单 YD20990091501 和 YD20990091502 所述货品属性、货品流向、到货时限等要求均一致,可安排一起发运。于是,他查阅公司现有运力情况(如表 2-7),根据这两份发货通知中货物的运输路线、预计装载量和体积,选择司机刘毅驾驶的车牌号为沪 A90591 的车辆执行运输任务,并制作运输计划。而托运单 YD20990091503 与前两份发货通知的货品流向不同,因此需另外安排发运。

表 2-7

公司运力一览表

姓名	车牌号	联系方式	货厢尺寸（长、宽、高）	车容（m³）	核载（吨）	货厢类型	运作线路
陆飞	沪 G49920	138390100××	4.2×1.8×1.9	12	3	全厢	市内取货
潘荣	沪 G93939	130000999××	5.2×1.8×1.9	20	6	全厢	市内取货
曹丰	沪 G87474	139899988××	7.2×2.3×2.5	35	10	全厢	市内取货
刘毅	沪 A90591	132888017××	5.2×1.8×1.9	20	6	全厢	上海—天津—北京
朱晓刚	沪 A61021	135399748××	7.2×2.3×2.5	35	10	全厢	上海—天津—北京
李永杰	沪 G60761	137607282××	7.2×2.3×2.5	35	10	全厢	上海—广东

步骤三　调度编制运输计划

① 调度员填写车辆在始发站的发运时间和运输计划编号。

② 调度员根据车辆安排,填写对应的车牌号、核载(吨)、车容(m³)、司机、联系方式和备用金。

③ 根据始发站、目的站之间的公路里程,调度员填写计费里程和全行程。

④ 调度员填写预计装载量,根据该车辆所运货物的总重量填写。

⑤ 调度员根据车辆在经停站、目的站的预计到达时间,分别填写到达时间,始发站到达时间可不填;调度员根据车辆在始发站、经停站的预计发车时间分别填写发车时间,目的站发车时间可不填。

⑥ 根据客户发货通知,调度员填写目的站为本车辆经停站的托运订单信息,其中发货人填写托运人单位全名,重量、体积为对应托运单信息中的总重量和总体积,收货人填写收货人单位全名,收货时间为要求到货时间。

⑦ 根据客户发货通知,调度员填写目的站为本车辆目的站的托运订单信息,其中发货人填写托运人单位全名,重量、体积为对应托运单信息中的总重量和总体积,收货人填写收货人单位全名,收货时间为要求到货时间。

完成后的运输计划如表 2-8 所示。

表 2-8

运输计划

发运时间：20×× 年 9 月 15 日　　　编号：YSJH209904991

车牌号	沪 A90591	核载（吨）	6	车容（m³）	20	始发站	经停站	目的站
计费里程(km)	1300	司机	刘毅	联系方式	132888017××	到达时间	20××-09-16 12:00:00	20××-09-16 17:00:00
全里程(km)	1300	备用金(元)		预计装载量(kg)	5140	发车时间	20××-09-15 22:00:00	20××-09-16 14:00:00

续表

					经停站					
发货人	发货地址	货物名称	包装方式	数量(件)	总重量(kg)	总体积(m³)	收货人	收货地址	收货时间	备注
上海宝翔电器有限公司	上海市虹口区汶水路38号	SONY录像机	纸箱	80	1760	6.4	上海宝翔电器有限公司天津办事处	天津市西青区大明路1200号	20××-09-17 18:00:00	
					目的站					
发货人	发货地址	货物名称	包装方式	数量(件)	总重量(kg)	总体积(m³)	收货人	收货地址	收货时间	备注
上海神舟电子贸易公司	上海市虹口区江湾路55号	主板GA-Z68XP-UD3P	纸箱	80	2720	7.68	北京华胜公司	北京市朝阳区工体北路100号	20××-09-17 18:00:00	
上海神舟电子贸易公司	上海市虹口区江湾路55号	独立显卡GV-N52128TE	纸箱	20	660	1.92	北京华胜公司	北京市朝阳区工体北路100号	20××-09-17 18:00:00	

> **小知识**
>
> **干线运输与支线运输**
>
> 　　干线运输是指利用公路的主干线路,进行大批量、长距离的运输,是长距离运输的一种重要形式。
> 　　支线运输是相对于干线运输来说的,是在干线运输的基础上,对干线运输起辅助作用的运输形式。支线运输作为运输干线与收发货地点之间的补充,主要承担运输供应链中从供应商到运输干线上的集结站点以及从干线上的集结点到配送站的运输任务。一般而言,支线路程相对于干线要短很多,运输量也要小很多。

【任务小结】
　　运输计划是物流公司安排日常运输任务的一种主要形式,通过编制运输计划,可以根据当日运输货物总量、货物流向、各流向的货量和运输时间等要求,合理安排任务,统筹安排企业现有运力,确保运输作业的可行性、高效性。运输计划是实现其他运输环节的基础,为后续取货、集货等运输作业提供了必要的依据,并使运输作业的各个环节紧紧相扣,协调一致。

 体验活动　制作运输计划

【任务背景】

20××年6月8日10时,快达物流有限公司(以下简称快达)天津站客服刘虎收到一份带有客户签章的发运计划,具体内容如表2-9所示。

表2-9

发运计划(一)			
托运单号	YD8470000009311	客户编号	DKCEH1302
托运人	天津伊人服装厂,联系人:洪武,联系电话:022-56358901,地址:天津市南开区复兴路39号,邮编:300100		
包装方式	纸箱		
货物详情	货物名称:女式长裙,数量:30箱,总重量:2500 kg,总体积:4.5 m³;女士夹克,数量:20箱,总重量:2345 kg,总体积:3.8 m³		
收货人	天津伊人服装厂长春办事处,联系人:君玉,联系电话:0431-84356561,地址:长春市南关区世贸大道17号,邮编:130000		
托运要求	(1) 要求上门取货和送货,取货地联系信息与托运人联系信息相同,送货地联系信息与收货人联系信息相同 (2) 要求20××年6月13日17时之前送到目的地 (3) 凭客户签字的运单作为回执		
结算	(1) 结算方式:现结 (2) 此批货物为轻泡货,运费计算公式为:立方米千米运价×运距×总体积 (3) 取货和送货费用为200元,杂费40元		
投保	此批货物不投保		

当天10时15分,刘虎还收到另一份客户的发运计划,具体内容如表2-10所示。

表2-10

发运计划(二)			
托运单号	YD8470000009312	客户编号	WOEO8877
托运人	天津长发电子设备厂,联系人:李丽(经理),联系电话:022-64351003,地址:天津市和平区兴安路1号,邮编:300041		
包装方式	木箱		
货物详情	货物名称:电子设备,数量:50箱,单件重量:50 kg,单件体积:0.25 m³,		

续表

收货人	天津嘉顺电子设备哈尔滨市办事处,联系人:谢奇,联系电话:0451-32315618,地址:哈尔滨市南岗区新京路23号,邮编:150000
托运要求	(1) 要求上门取货和送货,取货地联系信息与托运人联系信息相同,送货地联系信息与收货人联系信息相同 (2) 要求20××年6月14日17时之前送到目的地 (3) 凭客户签字的运单作为回执
结算	(1) 结算方式:月结 (2) 此批货物为重货,运费计算公式为:吨公里运价×运距×总吨数 (3) 不收取取货和送货费用,无其他杂费 (4) 托运人账号:622200010001876
投保	货物需要投保,投保金额为100000元,保险费率为货值的0.3%,保险公司为中华保险公司

当天11时,刘虎又收到另一份客户的发运计划,具体内容如表2-11。

表2-11

发运计划(三)

托运单号	YD8470000009313	客户编号	ABC889401
托运人	天津富强电子设备厂,联系人:周迅(经理),联系电话:022-64993003,地址:天津市和平区河北路222号,邮编:300041			
包装方式	纸箱			
货物详情	货物名称:电子显示器,数量:20箱,单件重量:25 kg,单件体积:0.4 m³			
收货人	上海晓晓电子公司,联系人:张明华,联系电话:021-78315618,地址:上海市江苏北路23号,邮编:200050			
托运要求	(1) 要求上门取货和送货,取货地联系信息与托运人联系信息相同,送货地联系信息与收货人联系信息相同 (2) 要求20××年6月13日18时之前送到目的地 (3) 凭客户签字的运单作为回执			
结算	结算方式:月结			
投保	此批货物不投保			

客服刘虎在审核完这三个客户的业务申请后,将订单提交给调度员张栋梁进行操作。

由于6月8日货量大,天津伊人服装厂还有一批发往天津伊人服装厂长春办事处的货物未安排上车,货物是花边辅料,10箱,总重200 kg,总体积2.8 m³,运单为YD8470000005412,准备9日晚再安排发运。

6月9日11时,调度员张栋梁根据车辆、作业等情况,编制计划单号为YSJH4900033的运输计划,安排取货作业及行驶路线为"天津—长春—哈尔滨"的班车装车发运。

班车预计于20××年6月9日17时从天津站发车,20××年6月10日4时到达长春站。期间不更换运输车辆,预计于20××年6月10日6时从长春站出发,同日10时到达哈尔滨站。

其他:
(1)天津至哈尔滨行驶路线:天津—长春—哈尔滨。
(2)公司现有运力资源如表2-12所示。

表2-12

姓名	车牌号	联系方式	货厢尺寸 (长、宽、高)	车容 (m^3)	核载 (t)	货厢类型	运作线路
刘大成	津G93939	130000999××	4.2×1.8×1.9	12	3	全厢	市内取货
王宇	津G87474	139899988××	7.2×2.3×2.5	35	10	全厢	市内取货
王文贵	津A90591	132888017××	4.2×1.8×1.9	12	3	全厢	天津—长春—哈尔滨
王广云	津A61021	135399748××	5.2×2.15×2.3	22	6.5	全厢	天津—长春—哈尔滨
段其成	津G60761	137607282××	7.2×2.3×2.5	35	10	全厢	天津—长春—哈尔滨
王一一	津B96361	132877317××	5.2×2.15×2.3	22	6.5	全厢	天津—上海
张华	津C96361	137633376××	7.2×2.3×2.5	35	10	全厢	天津—上海

(3)全国(部分)主要城市间公路里程参照表(见表2-13)。

表2-13　　　　全国(部分)主要城市间公路里程参照表(单位:km)

北京	北京					
天津	118	天津				
锦州	483	470	锦州			
沈阳	717	704	234	沈阳		
长春	1032	1019	549	315	长春	
哈尔滨	1392	1726	909	675	360	哈尔滨
上海	1450	1300	1550	1670	1778	2301

【任务要求】
请以快达物流有限公司天津站调度员张栋梁的身份制作运输计划(填制表2-4)。

【任务评价】

评价项目	评价描述	评定结果		
		达到	基本达到	未达到
基本要求	能说出编制运输计划的基本流程			
	能说出运输计划制作涉及的岗位及流转程序			
	能分析客户发货通知,根据货物信息,正确填制运输计划			
综合要求	在完成业务操作中,评价活动的质量;在按要求填写单证内容时,注意与同学合作、交流;对自己完成任务的情况进行小结			

任务二　公路货物运输取货通知单的制作

【学习目标】

1. 能理解取货作业的含义,了解取货作业的业务流程;
2. 能审核客户的发货通知,判断是否需要取货;
3. 能根据取货任务,合理安排运力及取货顺序;
4. 能根据取货安排,编制取货通知单并进行流转;
5. 能严格遵守运输企业的作业规范,树立成本意识、绿色环保意识,合理安排运力及路线,节约资源。

取货作业是现代物流公司比较常见的作业环节。取货作业不宜在大范围内实施,通常仅限于一个城市内或比较近的地区范围内,按照运输调度计划将一批或多批货物合理取回。同配送一样,取货作业必须在取货活动前依据客户需求对其进行合理的组织与计划,以期实现现代物流管理中降低成本的目标,同时有效满足顾客的需求。

教学活动　取货通知单的制作与流转

【任务背景】

20×4年9月14日,上海现代物流中心客服沈月华收到客户编号为KHBH003的供应商上海神舟电子贸易公司采购部经理陈力的发货通知,具体内容如表2-14所示。

表2-14

发货通知(一)			
托运单号	YD29940091501	客户编号	KHBH003
托运人	上海神舟电子贸易公司,联系人:张慧,联系电话:021-63470493,地址:上海市虹口区江湾路55号,邮编:200081		

续表

包装方式	纸箱
货物详情	货物名称：主板GA-Z68XP-UD3P，数量：80箱，总重量：2720 kg，总体积：7.68 m³；独立显卡GV-N52128TE，数量：20箱，总重量：660 kg，总体积：1.92 m³
收货人	北京华胜公司，地址：北京市朝阳区工体北路100号，联系人：周明明，电话：010-51909206，邮编：100027
托运要求	(1) 要求上门取货和送货，取货地联系信息与托运人联系信息相同，送货地联系信息与收货人联系信息相同 (2) 要求20×4年9月17日18时之前送到目的地
结算	结算方式：月结

当天，上海现代物流中心还收到两份发货通知，具体内容如表2-15和表2-16所示。

表2-15

发货通知（二）

托运单号	YD29940091502	客户编号	KHBH105
托运人	上海宝翔电器有限公司，联系人：赵强，联系电话：021-62999301，地址：上海市虹口区汶水路38号，邮编：200437			
包装方式	纸箱			
货物详情	货物名称：SONY录像机，数量：80箱，单位重量：22 kg，单位体积：0.08 m³			
收货人	上海宝翔电器有限公司天津办事处，地址：天津市西青区大明路1200号，联系人：黄茵，电话：022-27393456，邮编：300111			
托运要求	(1) 要求上门取货和送货，取货地联系信息与托运人联系信息相同，送货地联系信息与收货人联系信息相同 (2) 要求20×4年9月17日18时之前送到目的地			
结算	结算方式：月结			

表2-16

发货通知（三）

托运单号	YD29940091503	客户编号	KHBH004
托运人	上海富强电器厂，联系人：郝伟，联系电话：021-64351003，地址：上海市虹口区江湾路1001号，邮编：200081			
包装方式	纸箱			
货物详情	货物名称：夏普液晶电视机LEX-201，数量：60箱，总重量：900 kg，总体积：5.4 m³			
收货人	苏宁电器白云店，联系人：管丽华，联系电话：020-71233445，地址：广东省广州市白云路133号，邮编：510100			
托运要求	客户自提自送			
结算	结算方式：现结			

上海现代物流中心客服沈月华审核完三个客户的业务申请后,将订单提交给调度员赵阳进行操作。

20×4年9月14日12:00,调度员赵阳接到这三份发货通知,根据车辆、作业等情况,编制计划单号为YSJH299304991的运输计划。

同时,调度员赵阳根据货物情况、作业路线和公司现有运力情况,安排取货车辆和司机,并编制了货物的取货通知单,单号为QHTZ29940433。取货货运员杨宝被安排到取货地收取货物。赵阳要求取货货运员9月15日12时从公司出发,18时前返回,按托运单号的顺序取货。

【任务要求】

请以上海现代物流中心调度员赵阳的身份安排取货车辆,制作取货通知单。

【任务分析】

调度员完成取货调度作业,需要明确客户订单信息,根据货物属性、货物运量和客户取货流向、客户取货要求等,安排取货车辆和取货人员进行取货操作。取货作业的线路优化,既可以满足客户订单需求,也可以提高车辆运输效率,降低车辆运输成本。

取货通知单是调度员组织取货作业所必须填写的单据,是取货人员取货的依据,由调度员传递给取货人员,取货人员根据取货通知单完成取货作业。取货通知单一般分为调度联、提/送货联和统计联。

取货通知单常用格式如表2-17所示。

表2-17

取货通知单

单号									
货运员				出发时间					
车牌号				返回时间					
客户信息									
顺序	托运单号	托运人		地址		电话		姓名	邮编
货物信息									
托运单号		货物名称	件数(件)		重量(kg)		体积(m³)		包装方式
总数量			件	总重量		kg	总体积		m³
填表人					填表时间				

【任务实施】

步骤一　接收取货指令并进行取货调度作业

调度员赵阳收到取货指令后,根据客户发货通知要求进行了以下分析,如表 2-18。

表 2-18

	运输业务分析		
分析项目	YD29940091501	YD29940091502	YD29940091503
货品属性	电子产品	电子产品	电子产品
货品运量	总重量:3380 kg,总体积:9.6 m^3	总重量:1760 kg,总体积:6.4 m^3	总重量:900 kg,总体积:5.4 m^3
货品包装	纸箱	纸箱	纸箱
取货流向	上海普陀区至虹口区	上海普陀区至虹口区	
取送货要求	上门取货和送货	上门取货和送货	客户自提自送

赵阳分析得出订单 YD29940091501 和 YD29940091502 的货品属性都是电子产品,取货流向都是到虹口区取货,这两笔业务可以放在一起安排取货作业,如图 2-3 所示。赵阳计算这两笔业务预计装载量为 5140 kg,总体积为 16 m^3,查阅公司现有运力情况表,如表 2-19 所示。赵阳安排核载为 6 吨、车容为 20 m^3 的车辆完成取货任务,该车司机是潘荣,车牌号为沪 G93939。

表 2-19

			公司运力一览表					
姓名	车牌号	联系方式	货厢尺寸(长、宽、高)	车容(m^3)	核载(t)	货厢类型	运作线路	车辆性质
陆飞	沪 G49920	138390100××	4.2×1.8×1.9	12	3	全厢	市内取货	自有
潘荣	沪 G93939	130000999××	5.2×1.8×1.9	20	6	全厢	市内取货	分供方
曹丰	沪 G87474	139899988××	7.2×2.3×2.5	35	10	全厢	市内取货	自有
刘毅	沪 A90591	132888017××	5.2×1.8×1.9	20	6	全厢	上海—天津—北京	分供方
朱晓刚	沪 A61021	135399748××	7.2×2.3×2.5	35	10	全厢	上海—天津—北京	自有
李永杰	沪 G60761	137607282××	7.2×2.3×2.5	35	10	全厢	上海—广东	自有

图 2-3　取(派)货调度

步骤二　准备取货车辆，并做发车前检查

赵阳安排好车辆和司机，与客户确认取货时间为 9 月 15 日中午 12 时之前，并通知了司机。司机接到调度指令后，即可准备车辆，并对车辆进行发车前检查。检查内容包括：检查行车证件是否齐全，装车辅助材料是否带足；检查车辆是否保持清洁，各部机件是否完好；检查燃油箱储油量等。

小贴士

客户取送货要求为自提自送，则发货人自行将货物送到物流公司，物流公司组织货物干线运输，货物到达目的站后，由收货人自行到物流公司提货，物流公司调度员无需执行取(派)货调度作业。

步骤三　调度填制取货通知单

① 单号：调度员填写取货通知单号为 QHTZ29940433。

② 货运员、车牌号：调度员根据车辆安排，填写实际运力资源情况，即货运员为杨宝，车牌号为沪 G93939。

③ 出发时间、返回时间：分别填写调度员要求的作业时间。

④ 客户信息栏：调度员按取货顺序依次填写所承运货物的托运单号码，并按客户发货通知信息分别填写与托运单号对应的托运人单位、地址、电话、姓名、邮编。

⑤ 货物信息栏：调度员分别填写对应托运单号上所承运货物的名称、件数、重量、体积、包装方式。

⑥ 总件数、总重量、总体积：调度员分别填写所有待取货托运单的总件数、总重量、总体积。

⑦ 填表人：请填写初次填写单据的工作人员姓名。

⑧ 填表时间：请填写该表的年、月、日。

完成后的取货通知单如表 2-20 所示。

表 2-20

取货通知单

单号：QHTZ29940433						
货运员	杨宝		出发时间	20×4-09-15　12:00:00		
车牌号	沪 G93939		返回时间	20×4-09-15　18:00:00		
客户信息						
顺序	托运单号	托运人	地址	电话	姓名	邮编
1	YD29940091501	上海神舟电子贸易公司	上海市虹口区江湾路 55 号	021-63470493	张慧	200081
2	YD29940091502	上海宝翔电器有限公司	上海市虹口区汶水路 38 号	021-62999301	赵强	200437

续表

货物信息					
托运单号	货物名称	件数(件)	重量(kg)	体积(m³)	包装方式
YD29940091501	主板GA－Z68XP－UD3P	80箱	2720	7.68	纸箱
YD29940091501	独立显卡GV－N52128TE	20箱	660	1.92	纸箱
YD29940091502	SONY录像机	80箱	1760	6.4	纸箱
总数量	180	件	总重量 5140 kg	总体积 16	m³
填表人	赵阳		填表时间	20×4－09－14	12:00

步骤四　安排取货的货运员，货运员带齐单据、跟车取货

调度员赵阳将填制好的取货通知单和运单交给站务员，由站务员做好货运记录并交给货运主管，货运主管安排取货货运员，货运员杨宝收齐单据，准时与司机会合，跟车出站取货。

车辆调度原则

（1）合适原则：根据各个区域货品货量、货品性质和包装等安排合适的车型、数量和车辆来源。

（2）邻近区域调度原则：车辆调度遵循就近顺路的原则。

（3）最小成本原则：车辆调度遵循车辆取货配送成本最小的方案。

（4）车辆最大积载率原则：保证车辆取货配送高装载率，装载货物总体积、总重量不能超过车辆可承载的最大容积、重量。

【任务小结】

取货调度是物流公司运输作业中的准备工作，调度员的工作主要通过合理调度车辆、人员、配送路线、车辆积载等来满足客户服务需求。有效地组织取货作业能确保企业不会漏接、误接业务，更好、更顺利地完成后续的运输作业。取货作业涉及的部门和人员较多，因此公司调度员不仅需要清楚取货作业中货物的交接和单据的流转过程，而且需要沟通协调出车司机、公司场站和货运部门的同事，才能完成取货作业操作。

体验活动　制作取货通知单

【任务背景】

20××年6月8日10时，快达物流有限公司（以下简称快达）天津站客服刘虎收到一份带有客户签章的发运计划，具体内容如表2-21所示。

表 2-21

发运计划(一)

托运单号	YD8470000009311	客户编号	DKCEH1302
托运人	天津伊人服装厂,联系人:洪武,联系电话:022-56358901,地址:天津市南开区复兴路39号,邮编:300100		
包装方式	纸箱		
货物详情	货物名称:女式长裙,数量:30箱,总重量:2500 kg,总体积:4.5 m^3;女士夹克,数量:20箱,总重量,2345 kg,总体积:3.8 m^3		
收货人	天津伊人服装厂长春办事处,联系人:君玉,联系电话:0431-84356561,地址:长春市南关区世贸大道17号,邮编:130000		
托运要求	(1)要求上门取货和送货,取货地联系信息与托运人联系信息相同,送货地联系信息与收货人联系信息相同 (2)要求20××年6月13日17时之前送到目的地 (3)凭客户签字的运单作为回执		
结算	(1)结算方式:现结 (2)此批货物为轻泡货,运费计算公式为:立方米公里运价×运距×总体积 (3)取货和送货费用为200元,杂费40元		
投保	此批货物不投保		

当天 10 时 15 分,刘虎还收到另一份客户的发运计划,具体内容如表 2-22 所示。

表 2-22

发运计划(二)

托运单号	YD8470000009312	客户编号	WOEO8877
托运人	天津长发电子设备厂,联系人:李丽(经理),联系电话:022-64351003,地址:天津市和平区兴安路1号,邮编:300041		
包装方式	木箱		
货物详情	货物名称:电子设备,数量:50箱,单件重量:50 kg,单件体积:0.25 m^3		
收货人	天津嘉顺电子设备哈尔滨市办事处,联系人:谢奇,联系电话:0451-32315618,地址:哈尔滨市南岗区新京路23号,邮编:150000		
托运要求	(1)要求上门取货和送货,取货地联系信息与托运人联系信息相同,送货地联系信息与收货人联系信息相同 (2)要求20××年6月14日17时之前送到目的地 (3)凭客户签字的运单作为回执		

续表

结算	(1) 结算方式：月结 (2) 此批货物为重货，运费计算公式为：吨公里运价×运距×总吨数 (3) 不收取取货和送货费用，无其他杂费 (4) 托运人账号：622200010001876
投保	货物需要投保，投保金额为100000元，保险费率为货值的0.3‰，保险公司为中华保险公司

当天11时，刘虎又收到另一份客户的发运计划，具体内容如表2-23所示。

表2-23

发运计划（三）

托运单号	YD8470000009313	客户编号	ABC889401
托运人	天津富强电子设备厂，联系人：周迅（经理），联系电话：022-64993003，地址：天津市和平区河北路222号，邮编：300041			
包装方式	纸箱			
货物详情	货物名称：电子显示器，数量：20箱，单件重量：25 kg，单件体积：0.4 m³			
收货人	上海晓晓电子公司，联系人：张明华，联系电话：021-78315618，地址：上海市江苏北路23号，邮编：200050			
托运要求	(1) 要求上门取货和送货，取货地联系信息与托运人联系信息相同，送货地联系信息与收货人联系信息相同 (2) 要求20××年6月13日18时之前送到目的地 (3) 凭客户签字的运单作为回执			
结算	结算方式：月结			
投保	此批货物不投保			

客服刘虎在审核完这三个客户的业务申请后，将订单提交给调度员张栋梁进行操作。

由于6月8日货量大，天津伊人服装厂还有一批发往天津伊人服装厂长春办事处的货物未安排上车，货物是花边辅料，10箱，总重200 kg，体积2.8 m³，运单为YD8470000005412，准备9日晚再安排发运。

6月9日11时，调度员张栋梁根据车辆、作业等情况，编制计划单号为YSJH4900033的运输计划，安排行驶路线为"天津—长春—哈尔滨"的班车装车发运。

同时，调度员张栋梁根据作业路线等情况编制取货通知单，单号为QHTZ4900021，要求货运员6月9日7时从公司出发，13时前返回，按托运单号顺序取货，并安排货运员王宇执行该取货作业。

公司现有运力资源如表2-24所示。

表 2-24

快达物流运力一览表

姓名	车牌号	联系方式	货厢尺寸（长、宽、高）	车容（m³）	核载（吨）	货厢类型	运作线路
刘大成	津G93939	130000999××	4.2×1.8×1.9	12	3	全厢	市内取货
王宇	津G87474	139899988××	7.2×2.3×2.5	35	10	全厢	市内取货
王文贵	津A90591	132888017××	4.2×1.8×1.9	12	3	全厢	天津—长春—哈尔滨
王广云	津A61021	135399748××	5.2×2.15×2.3	22	6.5	全厢	天津—长春—哈尔滨
段其成	津G60761	137607282××	7.2×2.3×2.5	35	10	全厢	天津—长春—哈尔滨
王一一	津B96361	132877317××	5.2×2.15×2.3	22	6.5	全厢	天津—上海
张华	津C96361	137633376××	7.2×2.3×2.5	35	10	全厢	天津—上海

【任务要求】

请以快达物流有限公司天津站调度员张栋梁的身份制作取货通知单（填制表 2-17）。

【任务评价】

评价项目	评价描述	评定结果		
		达到	基本达到	未达到
基本要求	能说出编制取货通知单的基本流程			
	能说出取货通知单制作涉及的岗位及流转程序			
	能分析客户发货通知，根据货物信息正确填制取货通知单			
综合要求	在完成业务操作中，评价活动的质量；在按要求填写单证内容时，注意与同学合作、交流；对自己完成任务的情况进行小结			

任务三　公路运单的制作

【学习目标】

1. 能理解公路运单的含义，了解运单的法律意义及其在运输组织中的作用；

2. 能根据城市间公路里程参照表,确定运输距离;
3. 能理解重货及轻货的含义,并使用正确的计算公式计算公路运费;
4. 能根据客户的业务信息,正确制作运单并进行流转;
5. 能严格遵守运输企业的作业规范,养成认真、仔细的工作作风,在货物及单证交接中做到职责清晰、工作准确完成。

公路运单是公路货物运输及运输代理的合同凭证,是运输经营者接收货物并在运输期间负责保管和据以交付货物的凭据,也是记录车辆运行和行业统计的原始凭证。在运输过程中,公路运单的流转业务贯穿始终,从发货人托运货物、到承运人保管运输货物、再到收货人签收货物,都需要在公路运单上签字确认。公路运单除了起着契约的作用外,还是运费结算和货损理赔的依据。因此,在实际运输业务操作中,需要准确填写公路运单,并及时做好回收整理的工作。

教学活动　公路运单的制作与流转

【任务背景】

20××年9月14日,上海现代物流中心客服沈月华收到客户编号为KHBH003的供应商,上海神舟电子贸易公司采购部经理陈力的发货通知,具体内容如表2-25所示。

表2-25

托运单号	YD20990091501	客户编号	KHBH003
托运人	上海神舟电子贸易公司,联系人:张慧,联系电话:021-63470493,地址:上海市虹口区江湾路55号,邮编:200081			
包装方式	纸箱			
货物详情	货物名称:主板GA-Z68XP-UD3P,数量:80箱,总重量:2720 kg,总体积:7.68 m³;独立显卡GV-N52128TE,数量:20箱,总重量:660 kg,总体积:1.92 m³			
收货人	北京华胜公司,地址:北京市朝阳区工体北路100号,联系人:周明明,电话010-51909206,邮编:100027			
托运要求	(1) 要求上门取货和送货,取货地联系信息与托运人联系信息相同,送货地联系信息与收货人联系信息相同 (2) 要求20××年9月17日18时之前送到目的地 (3) 凭客户签字的运单作为回执			
结算	(1) 结算方式:月结 (2) 此批货物为重货,运费计算公式为:吨公里运价×运距×总重量 (3) 取货和送货费用合计为120元,无其他杂费 (4) 托运人付费账号:356600001117846			
投保	此批货物中独立显卡需要投保,投保金额为10000元,保险费率为货值的0.1%			

上海至北京行驶路线:上海—天津—北京

表 2-26　　　　　　全国(部分)主要城市间公路里程参照表(单位:km)

上海	上海				
杭州	180	杭州			
广州	1480	1300	广州		
天津	1100	1154	2130	天津	
北京	1300	1578	2200	200	北京

从上海到北京,轻泡货物的运价为 0.6 元/立方米千米,重货运价为 0.8 元/吨公里。

9 月 15 日 15 时,调度员赵阳安排取货货运员杨宝到取货地收取托运单号为 YD20990091501 的货物,并根据货物收取的实际情况填写运单号为 YD20990091501 的公路货物运单,请托运人核对运单信息,并在运单的"托运人签字"一栏中签字确认。

【任务要求】
请以上海现代物流中心货运员杨宝的身份制作公路运单。

【任务分析】
公路运单是由承运人签发的,证明货物由承运人接管并安排公路运输,以及承运人保证将货物交给指定收货人的一种单证。因此,在发货人与承运人货物交接时,由物流公司货运员清点货物的品种、数量是否与客户发货通知一致,并检查货物包装是否完好、货物数量是否出现短缺等,确认无误后填制公路运单。

公路运单一般有四联:第一联存根,作为领购新运单和行业统计的凭据;第二联托运人存查联,交托运人存查并作为运输合同由当事人一方保存;第三联承运人存查联,交承运人存查并作为运输合同由当事人另一方保存;第四联随货通行联,作为载货通行和核算运杂费的凭证,货物运达、经收货人签收后,作为交付货物的依据。

公路运单常用格式如表 2-27 所示。

表 2-27

公路货物运单

运单号码										
托运人姓名		电话			收货人姓名			电话		
单位					单位					
托运人详细地址					收货人详细地址					
托运人账号		邮编			收货人账号			邮编		
取货地联系人姓名		单位			送货地联系人姓名			单位		
电话		邮编			电话			邮编		
取货地详细地址					送货地详细地址					
始发站		目的站		起运日期	年	月	日	时	要求到货日期	年	月	日	时

续表

运距		千米	全行程		千米	是否取送			是否要求回执				
路由						取货	送货	否	运单		客户单据		
货物名称		包装方式		件数	计费重量(kg)	体积(m³)	取货人签字						
							年		月	日		时	分
							托运人或代理人签字或盖章						
							实际发货件数						件
							年		月	日		时	分
							收货人或代理人签字或盖章						
	合计						实际发货件数						件
收费项	运费		取/送货费		杂费	费用小计	年		月	日		时	分
费用金额(元)							送货人签字						
客户投保声明	不投保			投保			年		月	日		时	分
	投保金额		元	保险费		元	备注:						
运杂费合计(大写)	万		仟	佰	拾	元	角						
结算方式													
现结			月结		预付款	元							
到付				付费账号									
制单人			受理日期		年	月	日		时	受理单位			

【任务实施】

步骤一 货运员到达取货地点，点验托运货物

取货货运员杨宝到达取货地点，根据取货单据点验客户所托运货物，检查托运货物品名、规格、数量等是否与取货单据相符，如图2-4所示。货运员杨宝在查验、点收货物时发现托运货物主板GA－Z68XP－UD3P缺少10箱，经与客户沟通后，按实际数量托运。托运货物主板GA－Z68XP－UD3P实际数量为70箱，总重量2380 kg，总体积6.72 m³，其他信息不变。

图2-4 托运交接

步骤二 货运员根据取货情况，填制公路运单，与托运人交接货物

货运员杨宝完成取货查验，未发现其他异常后，填制运单号为YD20990091501的公路货物运单。

① 货运员填写运单号码为托运单号：YD20990091501。

② 货运员在托运人姓名、电话、单位、托运人详细地址、邮编栏分别填写托运人的联系人姓名、电话、托运人的单位名称、托运人的地址、托运人的邮编。

③ 货运员在取货地联系人姓名、电话、单位、取货地详细地址、邮编栏分别填写取货地的联系人姓名、电话、取货地的单位名称、取货地的地址、取货地的邮编。

> **小贴士**
>
> 货物公路运单中的托运货物实际数量由送货员点收货物后填写。若收取货物情况与客户发货通知不同，需与客户确认，并按实际托运数量、总重量、总体积填写货物运单。

④ 货运员在收货人姓名、电话、单位、收货人详细地址、邮编栏分别填写收货人的联系人姓名、电话、收货人的单位名称、收货人的地址、收货人的邮编。

⑤ 收货人账号：该栏为空。

⑥ 货运员在送货地联系人姓名、电话、单位、送货地详细地址、邮编栏分别填写送货地的联系人姓名、电话、送货地的单位名称、送货地的地址、送货地的邮编。

⑦ 货运员在始发站填写城市名称为上海，目的站填写城市名称为北京。

⑧ 货运员查看全国（部分）主要城市间公路里程参照表（如表 2-26），填写始发站到目的站的公路里程为 1300 千米。

⑨ 货运员按照货物的行走路线填写路由（不需中转），格式为始发站—目的站，即上海—北京。

⑩ 货运员根据取货的时间填写起运日期。

⑪ 货运员根据货物的实际总重量、实际总体积填写计费重量和体积。

⑫ 货运员计算运费，如果托运货物为重货，则运费计算公式为：吨公里运价×运距×总重量。货运员按实际托运货物总重量计算，则该批货物运费为 $0.8 \times 1300 \times 3.04 = 3161.6$（元）。货运员根据实际取货费用和送货费用的合计填写取/送货费，无取/送货费的，该栏目为空；无杂费的，杂费栏为空；货运员计算运费、取/送货费、杂费的合计，填写费用小计。

⑬ 托运货物独立显卡需要投保，投保金额为 10000 元，货运员根据保险费率为货值的 0.1%，计算保险费为 $10000 \times 0.1\% = 10$（元）。

⑭ 货运员用大写金额填写运杂费合计，包括运费、取/送货费、杂费、保险费的合计。

⑮ 根据托运人结算方式为月结的，货运员在托运人付费账号栏必须填写有效的托运人付费账号；其他情况（如：现结）时，该栏为空。

⑯ 货运员作为制单人在运单上签名，并根据取货时间填写受理日期，并填写受理单位。

货运员完成公路运单的填制，同时在取货人签字处签名，填上签字时间。请托运人张慧核对运单信息，并在运单"托运人签字"一栏中签字确认，完成货物交接手续。

完成后的公路运单如表 2-28 所示。

表 2-28

公路货物运单

运单号码			YD20990091501			
托运人姓名	张慧	电话	021-63470493	收货人姓名	周明明	电话	010-51909206
单位		上海神舟电子贸易公司		单位		北京华胜公司

续表

托运人详细地址	上海市虹口区江湾路55号			收货人详细地址		北京市朝阳区工体北路100号				
托运人账号		邮编	200081	收货人账号				邮编	100027	
取货地联系人姓名	张慧	单位	上海神舟电子贸易公司	送货地联系人姓名		周明明		单位	北京华胜公司	
电话	021-63470493	邮编	200081	电话		010-51909206		邮编	100027	
取货地详细地址	上海市虹口区江湾路55号			送货地详细地址		北京市朝阳区工体北路100号				
始发站	上海	目的站	北京	起运日期	20××年 9月 15日 15时		要求到货日期	20××年 9月 17日 18时		
运距	1300	千米	全行程	1300	千米	是否取送		是否要求回执		
路由	上海—北京			取货 √	送货 √	否		运单 √	客户单据 √	

货物名称	包装方式	件数	计费重量(kg)	体积(m³)	取货人签字	杨宝				
主板 GA-Z68XP-UD3P	纸箱	70	2380	6.72	20××年	9月	15日	15时		分
独立显卡 GV-N52128TE	纸箱	20	660	1.92	托运人或代理人签字或盖章			张慧		
					实际发货件数		90			件
					20××年	9月	15日	15时		分
					收货人或代理人签字或盖章					
合计		90	3040	8.64	实际发货件数					件
收费项	运费	取/送货费	杂费	费用小计	年	月	日	时		分
费用金额(元)	3161.6	120		3281.6	送货人签字					
	不投保		投保	√	年	月	日	时		分
	投保金额	10000 元	保险费	10 元	备注：					
运杂费合计(大写)	零万 叁仟 贰佰 玖拾 壹元 陆角									
结算方式										
	现结		月结 √	预付款	元					
	到付		付费账号	356600001117846						
制单人	杨宝	受理日期	20××年	9月	15日	15时	受理单位	上海现代物流中心		

（按托运实际数量填写，故为70箱）

> **小贴士**
>
> 货物交接手续分清了承运人、托运人和收货人之间的责任，承运人在接收货物后需签字，托运人在核实运单信息后签单确认，货物送到收货人手中，收货人确认后也需在运单上签字并注明收货情况。

步骤三　返回场站，与场站货运员进行货物交接

取货货运员杨宝与发货人完成货物交接手续，根据货物装车作业标准完成装车，返回物流中心场站并与场站货运员完成货物交接。

小知识

整车运输与零担运输

整车运输:托运人一次托运的货物在3吨(含3吨)以上可视为整车运输,如果货物重量虽在3吨以下,但需要单独提供车辆办理运输,也可视为整车运输。

零担运输:是相对于整车运输而提出来的,是指托运人一次托运的货物的数量不足一整车的运输。托运货物数量较少时,装不满却占用一辆运输汽车进行运输在经济上不合算,应由物流公司安排和其他发往同一方向的托运货物拼装后再进行运输。

【任务小结】

公路运单具有合同证明和货物收据的作用,界定了托运人、承运人和收货人之间的权利、义务关系和责任界限。对于承运人来说,应做好与托运人的货物交接工作,并准确填写公路运单,这为完善运输单据管理工作、顺利开展后续运输作业奠定基础。

 体验活动 填制公路运单

【任务背景】

20××年6月8日10时15分,快达物流有限公司(以下简称快达)天津站客服刘虎收到一份带有客户签章的发运计划,具体内容如表2-29所示。

表2-29

发运计划(一)

托运单号	YD8470000009312	客户编号	WOEO8877
托运人	天津长发电子设备厂,联系人:李丽(经理),联系电话:022-64351003,地址:天津市和平区兴安路1号,邮编:300041			
包装方式	木箱			
货物详情	货物名称:电子设备,数量:50箱,单件重量:50 kg,单件体积:0.25m³			
收货人	天津嘉顺电子设备哈尔滨市办事处,联系人:谢奇,联系电话:0451-32315618,地址:哈尔滨市南岗区新京路23号,邮编:150000			
托运要求	(1) 要求上门取货和送货,取货地联系信息与托运人联系信息相同,送货地联系信息与收货人联系信息相同 (2) 要求20××年6月14日17时之前送到目的地 (3) 凭客户签字的运单作为回执			
结算	(1) 结算方式:月结 (2) 此批货物为重货,运费计算公式为:吨公里运价×运距×总吨数 (3) 不收取取货和送货费用,无其他杂费 (4) 托运人账号:622200010001876			
投保	货物需要投保,投保金额为100000元,保险费率为货值的0.3‰,保险公司为中华保险公司			

6月9日10时,货运员王宇到取货地收取托运单号为YD8470000009312的货物,点验所托运货物,查无包装及数量等异常后,填制单号为YD8470000009312的公路货物运单并签字,并请托运人核对运单信息,然后在运单"托运人签字"一栏中签字确认。6月9日12时,货运员王宇取货完毕返回公司。

其他:

(1) 天津至哈尔滨行驶路线:天津—长春—哈尔滨。

(2) 从天津到长春的轻泡货物的运价为0.65元/立方米公里,重货运价为0.8元/吨公里;

天津到哈尔滨的轻泡货物的运价为0.7元/立方米公里,重货运价为0.95元/吨公里。

表2-30 　　　　　全国(部分)主要城市间公路里程参照表(单位:km)

北京	北京					
天津	118	天津				
锦州	483	470	锦州			
沈阳	717	704	234	沈阳		
长春	1032	1019	549	315	长春	
哈尔滨	1392	1726	909	675	360	哈尔滨
上海	1450	1300	1550	1670	1778	2301

【任务要求】

请以快达物流有限公司天津站货运员王宇的身份制作公路运单(填制表2-27)。

【任务评价】

评价项目	评价描述	评定结果		
		达到	基本达到	未达到
基本要求	能说出编制公路运单的基本流程			
	能说出公路运单制作涉及的岗位及流转程序			
	能分析客户发货通知,根据货物信息正确填制公路运单			
综合要求	在完成业务操作中,评价活动的质量;在按要求填写单证内容时,注意与同学合作、交流;对自己完成任务的情况进行小结			

任务四　公路货物运输集货单的制作

【学习目标】

1. 能理解集货单的含义，并了解集货单在运输组织中的作用；
2. 能根据运输计划汇总运输信息，制作集货单；
3. 能理解集货作业的流程，并根据流程进行集货单的流转；
4. 能理解集货作业的注意事项，对集货过程中的异常，能够在集货单上做备注；
5. 能严格遵守运输企业的作业规范，做好运输部门的内部沟通，有合作意识，能协同完成集货作业。

集货就是将分散的或小批量的物品集中起来，以便进行运输、配送的作业。公路货物运输集货作业，是为了满足客户的运输要求，根据货物流向、货物属性和运输时限，将小批量的货物进行集中处理，形成批量运输，从而实现大批量、高效率、低成本的运输操作。

教学活动　集货单的制作与流转

【任务背景】

20××年9月14日，上海现代物流中心客服沈月华收到客户编号为KHBH003的供应商，上海神舟电子贸易公司采购部经理陈力的发货通知，具体内容如表2-31所示。

表2-31

发货通知(一)			
托运单号	YD20990091501	客户编号	KHBH003
托运人	上海神舟电子贸易公司，联系人：张慧，联系电话：021-63470493，地址：上海市虹口区江湾路55号，邮编：200081		
包装方式	纸箱		
货物详情	货物名称：主板GA-Z68XP-UD3P，数量：80箱，总重量：2720 kg，总体积：7.68 m³；独立显卡GV-N52128TE，数量：20箱，总重量：660 kg，总体积：1.92 m³		
收货人	北京华胜公司，地址：北京市朝阳区工体北路100号，联系人：周明明，电话：010-51909206，邮编：100027		
托运要求	(1) 要求上门取货和送货，取货地联系信息与托运人联系信息相同，送货地联系信息与收货人联系信息相同 (2) 要求20××年9月17日18时之前送到目的地		
结算	结算方式：月结		

当天，上海现代物流中心还收到两份发货通知，具体内容如表2-32和表2-33所示。

表2-32

发货通知（二）

托运单号	YD20990091502	客户编号	KHBH105
托运人	上海宝翔电器有限公司,联系人:赵强,联系电话:021-62999301,地址:上海市虹口区汶水路38号,邮编:200437			
包装方式	纸箱			
货物详情	货物名称:SONY录像机,数量:80箱,单位重量:22 kg,单位体积:0.08 m^3			
收货人	上海宝翔电器有限公司天津办事处,地址:天津市西青区大明路1200号,联系人:黄茵,电话:022-27393456,邮编:300111			
托运要求	(1) 要求上门取货和送货,取货地联系信息与托运人联系信息相同,送货地联系信息与收货人联系信息相同 (2) 要求20××年9月17日18时之前送到目的地			
结算	结算方式:月结			

表2-33

发货通知（三）

托运单号	YD20990091503	客户编号	KHBH004
托运人	上海富强电器厂,联系人:郝伟,联系电话:021-64351003,地址:上海市虹口区江湾路1001号,邮编:200081			
包装方式	纸箱			
货物详情	货物名称:夏普液晶电视机LEX-201,数量:60箱,总重量:900 kg,总体积:5.4 m^3			
收货人	苏宁电器白云店,联系人:管丽华,联系电话:020-71233445,地址:广东省广州市白云路133号,邮编:510100			
托运要求	客户自提自送			
结算	结算方式:现结			

上海现代物流中心客服沈月华审核完三个客户的业务申请后，将订单提交给调度员赵阳进行操作。

20××年9月14日12时，调度员赵阳接到这三份发货通知，编制计划单号为YSJH209904991的运输计划，安排车牌为沪A90591,班车编号为B00212的车辆执行运输任务。同时，调度员赵阳根据班车信息、作业路线等情况编制单号为JHD20990009692的集货单，并发指令给场站货运员杨静，规定20××年9月15日20时前将所有货物集货到场站，并于20时30分装车。

【任务要求】

请以上海现代物流中心调度员赵阳的身份制作集货单。

【任务分析】

集货单主要是根据发货通知信息和运输计划来填写，用于集齐每批将要发运的货物。

集货单一般有三联，分别是调度联、场站联和统计联。调度员填写集货单，在货物到达前，将三联集货单全部交给场站货运员。在货物到达时，场站货运员每集完一批货物，就在集货单备注栏填写实际收货情况并签字确认。集货截止，货运员留存第二联，将其余两联交回调度员。调度员留存第一联备查，将第三联交给运输统计，用于登记运输统计台账。

集货单常用格式如表 2-34 所示。

表 2-34

集货单											
单据号			始发站				集货截止时间				
班车编号			到达站				预计装车时间				
车牌号			总数量(件)				发车时间				
总重量(kg)			总体积(m³)				到站时间				
序号	运单号	发货人	发货地址	货物名称	包装方式	收货人	件数(件)	总重量(kg)	总体积(m³)	备注
甩货说明											

填表人：　　　　　　　　　　填表时间：　　　　　　　年　　月　　日

【任务实施】

步骤一　编制集货单

① 调度填写集货单的单号为 JHD20990009692，运输车辆的班车编号为 B00212，车牌号为沪 A90591。

② 调度根据运输计划填写始发站、到达站的城市名称。

③ 根据调度要求填写集货截止时间、预计装车时间、干线班车发车时间和到站时间。

④ 调度根据运输计划分别填写班车 B00212 承运货物的总件数、总重量、总体积。

⑤ 调度根据运输计划分别填写各货物运单的信息，包括货物的运单号、发货人、发货地址、货物名称、包装方式、收货人、件数、总重量和总体积。

⑥ 调度审核完毕后，在"填表人"一栏签字，并签上填表时间。

完成后的集货单如表 2-35 所示。

> **小贴士**
>
> 填写集货单的依据是运输计划，作用是便于场站货运员集齐某运作路线班车发运货物，因此需按调度要求填写班车预计发运的所有货物信息。

表 2-35

集货单

单据号	JHD20990009692	始发站	上海	集货截止时间	20××-09-15 20:00:00
班车编号	B00212	到达站	北京	预计装车时间	20××-09-15 20:30:00
车牌号	沪A90591	总数量（件）	180	发车时间	20××-09-15 22:00:00
总重量（kg）	5140	总体积（m³）	16	到站时间	20××-09-16 17:00:00

序号	运单号	发货人	发货地址	货物名称	包装方式	收货人	件数（件）	总重量（kg）	总体积（m³）	备注
1	YD20990091501	上海神舟电子贸易公司	上海市虹口区江湾路55号	主板GA-Z68XP-UD3P	纸箱	北京华胜公司	80	2720	7.68	
2	YD20990091501	上海神舟电子贸易公司	上海市虹口区江湾路55号	独立显卡GV-N52128TE	纸箱	北京华胜公司	20	660	1.92	
3	YD20990091502	上海宝翔电器有限公司	上海市虹口区汶水路38号	SONY录像机	纸箱	上海宝翔电器有限公司天津办事处	80	1760	6.4	
甩货说明										

填表人：赵阳　　　　　　填表时间：20××年9月15日

步骤二　场站集货作业

调度员赵阳填制完集货单后,向公司场站下达集货指令,并将集货单传递给场站货运员杨静。20××年9月15日中午,上海富强电器厂派车辆将60箱货物送到上海现代物流中心。9月15日下午18时,取货货运员杨宝和取货司机带着货物返回场站,场站货运员杨静指挥货车卸货,并按集货单内容核对取回货物。取货货运员杨宝将取货异常的情况向杨静说明,杨静按实际集货情况收取货物,并在备注栏中记录实际集货数量,双方完成货物交接手续。杨静指挥装卸工将该验收完毕的货物搬入指定的发运货位,集货作业操作完成,货物等待装车发运,如图2-5所示。

> **小知识**
>
> **集货作业注意事项**
>
> (1) 集货准备:做好收货、卸车的人力和装卸搬运机械安排,做好作业场地和货位的安排。
>
> (2) 集货验收:
>
> ① 单据验收:核对公路运单上的到站、收货人、品名、件数,确认与集货单记载内容一致,确保不错收、不串收;
>
> ② 件数验收:按照"以单核货、件件过目"的验收方法收货,确保单货相符;
>
> ③ 货物验收:对货物包装外部进行检查,有无破损、封口开裂、湿痕等;重点检查易虫蛀、易破碎、高价值、包装相对简陋、运输路程远、装卸环节多的货物,以及受气候影响易霉、易融化和怕热怕冻货物。
>
> (3) 集货截止:每收齐一批货物,就在集货单备注栏盖章,确认货物收讫。收齐的货物搬入发运货位,按"一票一货"码放托盘或落地码垛;集货截止,经第二名货运员核对确认无误,封垛标识。

图2-5　集货作业

【任务小结】

根据运输计划完成集货作业,是保证运输活动顺利进行的重要依据。在集货作业操作中,调度员必须分析货物流向、货量和属性,安排合适的班车及司机,通知货运人员做好集货准备。货运员必须判断货物是否需要取货,核对收取的货物,并将货物搬入发运货位。总而言之,集货作业操作从调度优化干线运输开始,直到货运人员集齐所有发运货物为止,所有操作环节都应协调、有序、准确地完成。

体验活动　制作集货单

【任务背景】

20××年6月8日10时,快达物流有限公司天津站客服刘虎收到一份带有客户签章的发运计划,具体内容如表2-36所示。

表2-36

发运计划(一)			
托运单号	YD8470000009311	客户编号	DKCEH1302
托运人	天津伊人服装厂,联系人:洪武,联系电话:022-56358901,地址:天津市南开区复兴路39号,邮编:300100		
包装方式	纸箱		
货物详情	货物名称:女式长裙,数量:30箱,总重量:2500 kg,总体积:4.5 m^3; 女士夹克,数量:20箱,总重量:2345 kg,总体积:3.8 m^3		
收货人	天津伊人服装厂长春办事处,联系人:君玉,联系电话:0431-84356561,地址:长春市南关区世贸大道17号,邮编:130000		
托运要求	(1) 要求上门取货和送货,取货地联系信息与托运人联系信息相同,送货地联系信息与收货人联系信息相同 (2) 要求20××年6月13日17时之前送到目的地 (3) 凭客户签字的运单作为回执		
结算	(1) 结算方式:现结 (2) 此批货物为轻泡货,运费计算公式为:立方米公里运价×运距×总体积 (3) 取货和送货费用为200元,杂费40元		
投保	此批货物不投保		

当天10时15分,刘虎还收到另一份客户的发运计划,具体内容如表2-37所示。

表2-37

发运计划(二)			
托运单号	YD8470000009312	客户编号	WOEO8877
托运人	天津长发电子设备厂,联系人:李丽(经理),联系电话:022-64351003,地址:天津市和平区兴安路1号,邮编:300041		
包装方式	木箱		
货物详情	货物名称:电子设备,数量:50箱,单件重量:50 kg,单件体积:0.25 m^3		
收货人	天津嘉顺电子设备哈尔滨市办事处,联系人:谢奇,联系电话:0451-32315618,地址:哈尔滨市南岗区新京路23号,邮编:150000		

续表

托运要求	(1) 要求上门取货和送货,取货地联系信息与托运人联系信息相同,送货地联系信息与收货人联系信息相同 (2) 要求20××年6月14日17时之前送到目的地 (3) 凭客户签字的运单作为回执
结算	(1) 结算方式:月结 (2) 此批货物为重货,运费计算公式为:吨公里运价×运距×总吨数 (3) 不收取取货和送货费用,无其他杂费 (4) 托运人账号:622200010001876
投保	货物需要投保,投保金额为100000元,保险费率为货值的0.3‰,保险公司为中华保险公司

当天11时00分,刘虎又收到另一份客户的发运计划,具体内容如表2-38所示。

表2-38

发运计划(三)

托运单号	YD8470000009313	客户编号	ABC889401
托运人	天津富强电子设备厂,联系人:周迅(经理),联系电话:022-64993003,地址:天津市和平区河北路222号,邮编:300041			
包装方式	纸箱			
货物详情	货物名称:电子显示器,数量:20箱,单件重量:25 kg,单件体积:0.4 m³			
收货人	上海晓晓电子公司,联系人:张明华,联系电话:021-78315618,地址:上海市江苏北路23号,邮编:200050			
托运要求	(1) 要求上门取货和送货,取货地联系信息与托运人联系信息相同,送货地联系信息与收货人联系信息相同 (2) 要求20××年6月13日18时之前送到目的地 (3) 凭客户签字的运单作为回执			
结算	结算方式:月结			
投保	此批货物不投保			

客服刘虎在审核完这三个客户的业务申请后,将订单提交给调度员张栋梁进行操作。

由于6月8日货量大,天津伊人服装厂还有一批发往天津伊人服装厂长春办事处的货物未安排上车,货物是花边辅料,10箱,总重200 kg,体积2.8 m³,运单为YD8470000005412,准备9日晚再安排发运。

6月9日11时,调度员张栋梁根据车辆、作业等情况,编制计划单号为YSJH4900033的运输计划,安排行驶路线为"天津—长春—哈尔滨"的班车装车发运,班车编号为BC001,车牌号为津G60701。同时,调度员张栋梁根据班车信息、作业路线等情况编制单号为JHD90000692的集货单,并要求货运员6月9日7时从公司出发,13时前返回,按托运单号的顺序取货,并安排货运员王宇执行取货作业。20××年6月9日12时,货运员返回,完成所有取货任务,未发现任何异常情况。6月9日13时,天津长发电子设备厂派车将电子设备送到快达物流有限公司。6月9日15时,所有发出货物集货完毕,16时在天津站装车。预计于20××年6月9日17时从天津站发车,20××年6月10日4时到达长春站。不更换运输车辆,预计于20××年6月10日6时从长春站出发,同日10时到达哈尔滨站。

【任务要求】

请以快达物流有限公司天津站调度员张栋梁的身份制作集货单(填制表2-34)。

【任务评价】

评价项目	评价描述	评定结果		
		达到	基本达到	未达到
基本要求	能说出编制集货单的基本流程			
	能说出集货单制作涉及的岗位及流转程序			
	能分析客户发货通知,根据货物信息正确填制集货单			
综合要求	在完成业务操作中,评价活动的质量;在按要求填写单证内容时,注意与同学合作、交流;对自己完成任务的情况进行小结			

任务五 公路运输货物交接单的制作

【学习目标】

1. 能理解公路运输货物交接单的含义,了解公路运输货物交接单在运输组织中的作用;
2. 能根据运输计划制作货物运输交接单;
3. 能进行货物运输交接单的流转,并根据装车发运及到站卸货的情况,在交接单上进行记录;
4. 能根据货物运输交接单制作到货预报;
5. 能严格遵守运输企业的作业规范,养成认真、仔细的工作习惯,避免因单证信息不符而给运输服务质量造成影响。

装车发运作业是运输作业中非常重要的环节,其中,装车作业是影响货物运输安全的一个直接而又关键的环节。良好的装车作业能大幅度降低货品在运输过程中的破损率,提高物流服务质量。因此需要加强装车安全管理,并做好发运前交接手续,填制相关单据,明确划分运输各方的责任和义务。

教学活动　公路运输货物交接单的制作与流转

【任务背景】

20××年9月14日,上海现代物流中心客服沈月华收到客户编号为KHBH003的供应商,上海神舟电子贸易公司采购部经理陈力的发货通知,具体内容如表2-39所示。

表2-39

<table>
<tr><td colspan="4" align="center">发货通知(一)</td></tr>
<tr><td>托运单号</td><td>YD20990091501</td><td>客户编号</td><td>KHBH003</td></tr>
<tr><td>托运人</td><td colspan="3">上海神舟电子贸易公司,联系人:张慧,联系电话:021-63470493,地址:上海市虹口区江湾路55号,邮编:200081</td></tr>
<tr><td>包装方式</td><td colspan="3">纸箱</td></tr>
<tr><td>货物详情</td><td colspan="3">货物名称:主板GA-Z68XP-UD3P,数量:80箱,总重量:2720 kg,总体积:7.68 m³;
独立显卡GV-N52128TE,数量:20箱,总重量:660 kg,总体积:1.92 m³</td></tr>
<tr><td>收货人</td><td colspan="3">北京华胜公司,地址:北京市朝阳区工体北路100号,联系人:周明明,电话:010-51909206,邮编:100027</td></tr>
<tr><td>托运要求</td><td colspan="3">(1)要求上门取货和送货,取货地联系信息与托运人联系信息相同,送货地联系信息与收货人联系信息相同
(2)要求20××年9月17日18时之前送到目的地</td></tr>
<tr><td>结算</td><td colspan="3">结算方式:月结</td></tr>
</table>

当天,上海现代物流中心还收到两份发货通知,具体内容如表2-40和表2-41所示。

表2-40

<table>
<tr><td colspan="4" align="center">发货通知(二)</td></tr>
<tr><td>托运单号</td><td>YD20990091502</td><td>客户编号</td><td>KHBH105</td></tr>
<tr><td>托运人</td><td colspan="3">上海宝翔电器有限公司,联系人:赵强,联系电话:021-62999301,地址:上海市虹口区汶水路38号,邮编:200437</td></tr>
<tr><td>包装方式</td><td colspan="3">纸箱</td></tr>
<tr><td>货物详情</td><td colspan="3">货物名称:SONY录像机,数量:80箱,单位重量:22 kg,单位体积:0.08 m³</td></tr>
<tr><td>收货人</td><td colspan="3">上海宝翔电器有限公司天津办事处,地址:天津市西青区大明路1200号,联系人:黄茵,电话:022-27393456,邮编:300111</td></tr>
<tr><td>托运要求</td><td colspan="3">(1)要求上门取货和送货,取货地联系信息与托运人联系信息相同,送货地联系信息与收货人联系信息相同
(2)要求20××年9月17日18时之前送到目的地</td></tr>
<tr><td>结算</td><td colspan="3">结算方式:月结</td></tr>
</table>

表 2-41

发货通知(三)

托运单号	YD20990091503	客户编号	KHBH004
托运人	上海富强电器厂,联系人:郝伟,联系电话:021-64351003,地址:上海市虹口区江湾路1001号,邮编:200081			
包装方式	纸箱			
货物详情	货物名称:夏普液晶电视机 LEX-201,数量:60 箱,总重量:900 kg,总体积:5.4 m³			
收货人	苏宁电器白云店,联系人:管丽华,联系电话:022-71233445,地址:广东省广州市白云路133号,邮编:510100			
托运要求	客户自提自送			
结算	结算方式:现结			

上海现代物流中心客服沈月华审核完三个客户的业务申请后,将订单提交给调度员赵阳进行操作。

接到这三份发货通知,调度员赵阳根据作业情况和公司现有运力情况,编制计划单号为 YSJH209904991 的运输计划,并安排司机刘毅驾驶的车牌号为沪 A90591 的车辆执行运输任务。

调度员赵阳安排取货货运员杨宝到取货地收取货物,并编制了货物的取货通知单,单号为 QHTZ20990433。

9 月 15 日 14 时,取货货运员杨宝到达运单 YD20990091501 所填的取货地点,根据取货单据点验客户所托运货物,检查托运货物品名、规格、数量等是否与取货单据相符,货运员杨宝在查验、点收货物时发现托运货物主板 GA-Z68XP-UD3P 缺少 10 箱,经与客户沟通后,按实际数量托运。托运货物主板 GA-Z68XP-UD3P 实际数量为 70 箱,总重量 2380 kg,总体积 6.72 m³,其他信息不变。

9 月 15 日 16 时,取货货运员杨宝到达运单 YD20990091502 所填的取货地点,点收托运货物无误。

9 月 15 日下午 18 时,取货货运员杨宝和取货司机带着货物返回场站,场站货运员杨静根据集货单完成集货作业,并将集货情况反馈给调度员赵阳。赵阳根据实际集货情况编制编号为 YSJJD20990915032 的公路运输货物交接单发送给天津站调度员。

预计 20××年 9 月 15 日 22 时,班车发车出上海站,20××年 9 月 16 日 12 时到达天津站,预计 14 时从天津站出发,同日 17 时到达北京站。

【任务要求】

请以上海现代物流中心调度员赵阳的身份制作公路运输货物交接单。

【任务分析】

公路运输货物交接单,是物流运输公司始发站填写的书面凭证,用于划分公路运输中运输各方的责任和义务,当发生损失或差错事故,确定其责任属于始发站、承运单位还是到达站。

公路运输货物交接单一般有五联:第一联是发站调度联,发站调度员按实际集货情况填写公路运输交接单,留存第一联并递交运输统计,记账存档;第二联分供方联,由司机留存或作为分供方结算依据;第三联到站调度联,由到站调度员留存并递交运输统计,记账存档;第四联是到站场站联,由到站站务员留存;第五联是发站场站联,由发站站务员留存。

公路运输货物交接单常用格式如表2-42所示。

表2-42

货物运输交接单

编号:								
始发站	车牌号		核载(吨)		发车时间			
目的站	车辆性质		车容(m^3)		预达时间			
序号	运单号	客户名称	包装方式	货物名称	件数(件)	总体积(m^3)	总重量(kg)	备注
合计								
发站记事	施封	封锁	枚	封号:	随车设备	发站调度员	发货人	司机	到站调度员
到站记事	施封	封锁	枚	封号:	到达时间				
	收货及货损描述								
制单人:			制单时间:					

【任务实施】

步骤一　编制公路运输货物交接单

① 调度员填写公路运输货物交接单编号为YSJJD20990915032。

② 调度员填写始发站、到达站的城市名称。

③ 根据调度要求填写车牌号为沪A90591,核载为6吨,车容为20 m^3,车辆性质为分供方。

④ 调度员根据实际货物装车出发时间、预计货物到达目的站的时间分别填写发车时间和预达时间。

⑤ 调度员根据发货通知信息和集货情况分别填写各货物运单的信息，包括货物的运单号、客户名称、包装、货物名称、件数、总体积和总重量。

> **小贴士**
> 公路货物运输交接单应根据实际集货情况填写实际承运货物的数量、总重量和总体积。

⑥ 调度员审核完毕后，在"制单人"和"发站调度员"栏签字，并签上制单时间。

完成后的公路运输货物交接单如表2-43所示。

表2-43

货物运输交接单

编号：YSJJD20990915032

始发站	上海	车牌号	沪A90591	核载(吨)	6	发车时间	20××-09-15 22：00
目的站	天津	车辆性质	分供方	车容(m³)	20	预达时间	20××-09-16 12：00

序号	运单号	客户名称	包装方式	货物名称	件数(件)	总体积(m³)	总重量(kg)	备注
1	YD20990091501	上海神舟电子贸易公司	纸箱	主板 GA-Z68XP-UD3P	70	6.72	2380	
2	YD20990091501	上海神舟电子贸易公司	纸箱	独立显卡 GV-N52128TE	20	1.92	660	
3	YD20990091502	上海宝翔电器有限公司	纸箱	SONY 录像机	80	6.4	1760	
	合计				170	15.04	4800	
发站记事	施封	封锁	枚	封号：	随车设备	发站调度员	发货人	司机	到站调度员
到站记事	施封	封锁	枚	封号：	到达时间	赵阳			
	收货及货损描述								

（按实际集货情况填写）

制单人：赵阳　　　　　　　　　制单时间：20××-09-15

步骤二　装车发运作业

调度员赵阳填制完公路运输货物交接单后,将交接单和运单一起传递给场站货运员杨静,并下达装车发运作业指令。

分供方班车司机刘毅准时到达场站发货站台,对车辆做好发车前检查,并填写车辆检查记录表。场站货运员杨静和司机指挥装卸工完成货物装车操作。装车完毕后,司机与杨静确认装载无异议后对车辆进行施封,使用一枚封锁,封号为FH001。发站和承运单位完成货物交接手续,双方在公路运输货物交接单上签名确认并签注发站记事,如表2-44所示。

表2-44

货物运输交接单

编号:YSJJD20××0915032									
始发站	上海	车牌号	沪A90591	核载(吨)	6	发车时间	20××-09-15 22:00		
目的站	天津	车辆性质	分供方	车容(m³)	20	预达时间	20××-09-16 12:00		
序号	运单号	客户名称	包装方式	货物名称	件数(件)	总体积(m³)	总重量(kg)	备注	
1	YD20990091501	上海神舟电子贸易公司	纸箱	主板 GA-Z68XP-UD3P	70	6.72	2380		
2	YD20990091501	上海神舟电子贸易公司	纸箱	独立显卡GV-N52128TE	20	1.92	660		
3	YD20990091502	上海宝翔电器有限公司	纸箱	SONY录像机	80	6.4	1760		
		合计			170	15.04	4800		
发站记事	施封	封锁 1 枚		封号:FH001	随车设备	发站调度员	发货人	司机	到站调度员
到站记事	施封	封锁　　枚		封号:	到达时间	赵阳	杨静	刘毅	
	收货及货损描述								
制单人:赵阳				制单时间:20××-09-15					

场站货运员杨静留存公路运输货物交接单相应联,将剩余联和货物运单一起传递给司机,司机发运出站,开始干线运输,如图2-6所示。

图 2-6 货物装车发运

步骤三 在途跟踪作业

9月16日11点,上海现代物流中心客服沈月华接到上海宝翔电器有限公司赵强的电话,询问货物的在途情况,以及货物是否已经到达天津。沈月华登录公司运输管理系统,查阅到货物已于9月15日晚上22点发运。她马上打电话给调度员赵阳,向他询问客户货物的在途信息,如图2-7所示。赵阳打电话给司机刘毅,得知运输车辆还有1小时即可到达天津站。客服沈月华及时将货物跟踪信息反馈给客户。

图 2-7 运输跟踪

步骤四 到达卸货,验收交接作业

9月16日12点,货物准时到达天津站。班车进站后,天津站调度员王晓达和司机一起核对封锁数量和施封号,确认车辆施封情况与公路运输货物交接单上记载一致。王晓达安排货运员拆封,打开车门,将托运单号为YD20990091502的货物顺利卸车。货物卸车完毕后,王晓达检查货物到货情况,确认货物数量准确、包装完好后,与班车司机完成货物交接手续,并在货物运输交接单填写到站记事,然后签名确认,如图2-8所示。班车在天津站完成到达卸货作业,于14时从天津站出发,同日17时到达北京站。

> **小贴士**
> 货物运输交接单中的发站记事,由发站调度员根据班车施封情况和随车设备据实填写,并签字确认;到站记事,由到站调度员根据班车到站施封情况、实际到达时间、到货验收情况据实填写,并签字确认。

图 2-8 到达卸货,验收交接

【任务小结】

公路运输货物交接单在装车发运和到达卸货两个环节中都起着非常重要的作用。装车完毕后,调度员按实际装车情况填写交接单发站记事并确认装载无误,发站司机签字确认货物装载符合行车要求;到站卸货时,到站调度员核实随车单据,确认卸车无误后,填写交接单到站记事,并由到站司机签字确认货车卸车记录属实。因此,做好公路货物交接手续,能保障运输作业安全、有序的完成。

小知识

货车的施封和拆封

1. 施封锁

常用的施封锁为环形,由锁芯、锁套两部分组成,锁芯和锁套用钢丝绳相连,锁闭时将锁芯垂直向锁套锁孔插入,锁闭后呈环状。各型施封锁锁套平面上均以钢印方式打印封锁编号,如图2-9所示。

2. 施封作业

使用施封锁施封的货车,应用粗铁线将两侧车门下部门扣和门鼻拧紧,在每一车门上部的门扣处各施施封锁一枚。施封后,应对施封锁的锁闭状态进行检查,确认落锁有效,车门不能拉开。在货物运输单据上需记明封锁个数及施封号码。

3. 拆封作业

卸车单位在拆封前,应根据货物运输单据上记载的施封号码与施封锁号码核对,并检查施封是否有效。拆封时,从钢丝绳处剪断,不得损坏站名、编号。

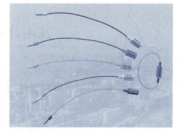

图2-9 货车施封

体验活动 制作公路运输货物交接单

【任务背景】

20××年6月8日10时,快达物流有限公司天津站客服刘虎收到一份带有客户签章的发运计划,具体内容如表2-45所示。

表 2-45

发运计划(一)

托运单号	YD8470000009311	客户编号	DKCEH1302
托运人	天津伊人服装厂,联系人:洪武,联系电话:022-56358901,地址:天津市南开区复兴路39号,邮编:300100		
包装方式	纸箱		
货物详情	货物名称:女式长裙,数量:30箱,总重量:2500 kg,总体积:4.5 m³; 女士夹克,数量:20箱,总重量:2345 kg,总体积:3.8 m³		
收货人	天津伊人服装厂长春办事处,联系人:君玉,联系电话:0431-84356561,地址:长春市南关区世贸大道17号,邮编:130000		
托运要求	(1) 要求上门取货和送货,取货地联系信息与托运人联系信息相同,送货地联系信息与收货人联系信息相同 (2) 要求20××年6月13日17时之前送到目的地 (3) 凭客户签字的运单作为回执		
结算	(1) 结算方式:现结 (2) 此批货物为轻泡货,运费计算公式为:立方米公里运价×运距×总体积 (3) 取货和送货费用为200元,杂费40元		
投保	此批货物不投保		

当天10时15分,刘虎还收到另一份客户的发运计划,具体内容如表2-46所示。

表 2-46

发运计划(二)

托运单号	YD8470000009312	客户编号	WOEO8877
托运人	天津长发电子设备厂,联系人:李丽(经理),联系电话:022-64351003,地址:天津市和平区兴安路1号,邮编:300041		
包装方式	木箱		
货物详情	货物名称:电子设备,数量:50箱,单件重量:50 kg,单件体积:0.25 m³		
收货人	天津嘉顺电子设备哈尔滨市办事处,联系人:谢奇,联系电话:0451-32315618,地址:哈尔滨市南岗区新京路23号,邮编:150000		
托运要求	(1) 要求上门取货和送货,取货地联系信息与托运人联系信息相同,送货地联系信息与收货人联系信息相同 (2) 要求20××年6月14日17时之前送到目的地 (3) 凭客户签字的运单作为回执		

续表

结算	(1) 结算方式：月结 (2) 此批货物为重货，运费计算公式为：吨公里运价×运距×总吨数 (3) 不收取取货和送货费用，无其他杂费 (4) 托运人账号：622200010001876
投保	货物需要投保，投保金额为100000元，保险费率为货值的0.3‰，保险公司为中华保险公司

当天11时，刘虎又收到另一份客户的发运计划，具体内容如表2-47所示。

表2-47

发运计划（三）

托运单号	YD8470000009313	客户编号	ABC889401
托运人	天津富强电子设备厂，联系人：周迅（经理），联系电话：022-64993003，地址：天津市和平区河北路222号，邮编：300041		
包装方式	纸箱		
货物详情	货物名称：电子显示器，数量：20箱，单件重量：25 kg，单件体积：0.4 m³		
收货人	上海晓晓电子公司，联系人：张明华，联系电话：021-78315618，地址：上海市江苏北路23号，邮编：200050		
托运要求	(1) 要求上门取货和送货，取货地联系信息与托运人联系信息相同，送货地联系信息与收货人联系信息相同 (2) 要求20××年6月13日18时之前送到目的地 (3) 凭客户签字的运单作为回执		
结算	结算方式：月结		
投保	此批货物不投保		

客服刘虎在审核完这三个客户的业务申请后，将订单提交给调度员张栋梁进行操作。

由于6月8日货量大，天津伊人服装厂还有一批发往天津伊人服装厂长春办事处的货物未安排上车，货物是花边辅料，10箱，总重200 kg，体积2.8 m³，运单为YD8470000005412，准备9日晚再安排发运。

6月9日11时，调度员张栋梁根据车辆、作业等情况，编制计划单号为YSJH4900033的运输计划，安排行驶路线为"天津—长春—哈尔滨"的班车装车发运。班车为公司自有车辆，车牌号是津G60761，车容35 m³，核载10吨，为了提高公司服务，所有长途货运车都配备GPS设备。

同时，调度员张栋梁根据班车信息、作业路线等情况编制单号为JHD90000692的集货单，并安排货运员王宇执行该取货作业。20××年6月9日12时，货运员返回，完成所有取货任务。6月9日13时，天津长发电子设备厂派车将电子设备送到快达物流有限公司。

6月9日15时，所有发出货物集货完毕，16时在天津站装车。装卸员林市宁负责装车作业。当日，张栋梁制作货物运输交接单，此车有一枚封签，封号为FHCJU001。

预计于20××年6月9日17时从天津站发车,20××年6月10日4时到达长春站。不更换运输车辆,预计于20××年6月10日6时从长春站出发,同日10时到达哈尔滨站。

【任务要求】

请以快达物流有限公司天津站调度员张栋梁的身份制作货物运输交接单(填制表2-42),并发送给长春站的调度员王飞。

【任务评价】

评价项目	评价描述	评定结果		
		达到	基本达到	未达到
基本要求	能说出编制公路运输货物交接单的基本流程			
	能说出公路运输货物交接单制作涉及的岗位及流转程序			
	能分析客户发货通知,根据货物信息正确填制公路运输货物交接单			
综合要求	在完成业务操作中,评价活动的质量;在按要求填写单证内容时,注意与同学合作、交流;对自己完成任务的情况进行小结			

能力迁移 制作到货预报表

【任务背景】

20××年9月14日,上海现代物流中心客服沈月华收到客户编号为KHBH003的供应商,上海神舟电子贸易公司采购部经理陈力的发货通知,具体内容如表2-48所示。

表2-48

发货通知(一)			
托运单号	YD20990091501	客户编号	KHBH003
托运人	上海神舟电子贸易公司,联系人:张慧,联系电话:021-63470493,地址:上海市虹口区江湾路55号,邮编:200081		
包装方式	纸箱		
货物详情	货物名称:主板GA-Z68XP-UD3P,数量:80箱,总重量:2720 kg,总体积:7.68 m³;独立显卡GV-N52128TE,数量:20箱,总重量:660 kg,总体积:1.92 m³		
收货人	北京华胜公司,地址:北京市朝阳区工体北路100号,联系人:周明明,电话:010-51909206,邮编:100027		

续表

托运要求	(1) 要求上门取货和送货,取货地联系信息与托运人联系信息相同,送货地联系信息与收货人联系信息相同 (2) 要求20××年9月17日18时之前送到目的地
结算	结算方式:月结

当天,上海现代物流中心还收到两份发货通知,具体内容如表2-49和表2-50所示。

表2-49

发货通知(二)

托运单号	YD20990091502	客户编号	KHBH105
托运人	上海宝翔电器有限公司,联系人:赵强,联系电话:021-62999301,地址:上海市虹口区汶水路38号,邮编:200437			
包装方式	纸箱			
货物详情	货物名称:SONY录像机,数量:80箱,单位重量:22 kg,单位体积:0.08 m³			
收货人	上海宝翔电器有限公司天津办事处,地址:天津市西青区大明路1200号,联系人:黄茵,电话:022-27393456,邮编:300111			
托运要求	(1) 要求上门取货和送货,取货地联系信息与托运人联系信息相同,送货地联系信息与收货人联系信息相同 (2) 要求20××年9月17日18时之前送到目的地			
结算	结算方式:月结			

表2-50

发货通知(三)

托运单号	YD20990091503	客户编号	KHBH004
托运人	上海富强电器厂,联系人:郝伟,联系电话:021-64351003,地址:上海市虹口区江湾路1001号,邮编:200081			
包装方式	纸箱			
货物详情	货物名称:夏普液晶电视机LEX-201,数量:60箱,总重量:900 kg,总体积:5.4 m³			
收货人	苏宁电器白云店,联系人:管丽华,联系电话:020-71233445,地址:广东省广州市白云路133号,邮编:510100			
托运要求	客户自提自送			
结算	结算方式:现结			

20××年9月15日22时,装载运单号为YD20990091501和YD20990091502货物的班车从上海站发车,发站调度员赵阳填制编号为DH20990915021的到货预报表,并马上以邮件

形式向天津站和北京站的调度员发送。

【任务要求】

请以上海现代物流中心调度员赵阳的身份制作到货预报表。

【任务分析】

到货预报表是由发站调度员填写并传递给到站调度员，到站调度员接到到货预报后，可以根据到货的货量和预计到车时间，事先安排组织到达卸货作业，确保后续运输作业环节。

到货预报表常用格式如表2-51所示。

表2-51

到货预报表

单据号		始发站		发车时间	
班车编号		到达站		到站时间	
车牌号		司机姓名		联系方式	
总数量	件	总重量	kg	总体积	m³

序号	运单号	客户名称	客户订单号	货物名称	包装	终点站	收货人地址	件数(件)	重量(kg)	体积(m³)	备注
合计											

填表人：　　　　　　　　　　　　　　　填表时间：

【任务实施】

填制到货预报表

发站调度员赵阳根据发货通知和货物实际发运情况编制填写到货预报表。

> **小贴士**
> 应根据实际发运货物的件数、重量、体积填写到货预报表。

完成后的到货预报表如表 2-52 所示。

表 2-52

到货预报表

单据号	DH20990915021	始发站	上海	发车时间	20××-09-15 22:00:00
班车编号	B00212	到达站	北京	到站时间	20××-09-16 17:00:00
车牌号	沪A90591	司机姓名	刘毅	联系方式	132888017××
总数量	170 件	总重量	4800 kg	总体积	15.04 m³

序号	运单号	客户名称	客户订单号	货物名称	包装	终点站	收货人地址	件数(件)	重量(kg)	体积(m³)	备注
1	YD20990091501	上海神舟电子贸易公司	无	主板GA-Z68XP-UD3P	纸箱	北京站	北京市朝阳区工体北路100号	70	2380	6.72	
2	YD20990091501	上海神舟电子贸易公司	无	独立显卡GV-N52128TE	纸箱	北京站	北京市朝阳区工体北路100号	20	660	1.92	
3	YD20990091502	上海宝翔电器有限公司	无	SONY录像机	纸箱	天津站	天津市西青区大明路120号	80	1760	6.4	
				合计				170	4800	15.04	

填表人：赵阳　　　　　　　　　填表时间：20××-09-15

任务六　公路货物运输的保险与理赔单证制作

【学习目标】

1. 能看懂保险业务中的术语，理解投保金额、基本险及附加险的含义；

2. 能理解投保单的含义及其在办理保险手续和保险理赔中的作用;
3. 能根据业务信息,制作国内货物运输险投保单并进行流转;
4. 能根据事故报告制作残损记录表,并协助进行保险理赔;
5. 能严格遵守运输企业的作业规范,树立风险防范意识,合理使用保险的手段以降低物流运输企业的经营风险。

货物在运输中,可能会遇到各种各样的事故,遭受不同程度的损失。为了加强对公路运输的安全防损工作,降低货物运输损失对物流运输企业的影响,物流企业需要做好运输投保工作,并填写相应的保险与理赔单据。

教学活动　公路货物运输险投保单的制作与流转

【任务背景】

20××年9月14日,上海现代物流中心客服沈月华收到客户编号为KHBH003的供应商上海神舟电子贸易公司采购部经理陈力的发货通知,具体内容如表2-53所示。

表2-53

托运单号	YD20990091501	客户编号	KHBH003
托运人	上海神舟电子贸易公司,联系人:张慧,联系电话:021-63470493,地址:上海市虹口区江湾路55号,邮编:200081			
包装方式	纸箱			
货物详情	货物名称:主板GA-Z68XP-UD3P,数量:80箱,总重量:2720 kg,总体积:7.68 m³;独立显卡GV-N52128TE,数量:20箱,总重量:660 kg,总体积:1.92 m³			
收货人	北京华胜公司,地址:北京市朝阳区工体北路100号,联系人:周明明,电话:010-51909206,邮编:100027			
托运要求	(1) 要求上门取货和送货,取货地联系信息与托运人联系信息相同,送货地联系信息与收货人联系信息相同 (2) 要求20××年9月17日18时之前送到目的地 (3) 凭客户签字的运单作为回执			
结算	(1) 结算方式:月结 (2) 此批货物为重货,运费计算公式为:吨公里运价×运距×总重量 (3) 取货和送货费用合计为120元,无其他杂费 (4) 托运人付费账号:356600001117846			
投保	此批货物中独立显卡需要投保,投保金额为10000元,保险费率为货值的0.1%,保险公司为上海平安保险公司			

上海站客服沈月华负责货物投保事宜,并于9月15日编制单号为BXD1002的公路货物运输险投保单。

调度安排司机刘毅驾驶的车牌号为沪A90591的车辆执行运输任务,该部班车为5.2米厢式车。20××年9月15日22时,行驶路线为"上海—北京"的班车从上海站发车。

【任务要求】

请以上海现代物流中心客服沈月华的身份制作公路货物运输险投保单。

【任务分析】

公路货物运输保险的实施能切实控制在运输过程中潜在的风险和问题,实现物流企业对客户运输安全的承诺。

公路货物运输险投保单是物流公司办理运输保险手续所必须填写的单据,一旦货物在运输过程中发生货损,投保单是货物保险理赔的依据。

公路货物运输险投保单常用格式如表 2-54 所示。

表 2-54

国内货物运输险投保单

编号:

我处下列货物拟向你处投保国内货物运输保险:

被保险人					
标记或发票号码	保险货物名称	件数	提单或通知单号次		投保金额
运输工具(及转载工具)	约于 年 月 日			起运	赔款偿付地点
运输路线	自	经	到		转载地点
要保险别	基本险	附加险别	基本险费率(‰)		附加险费率(‰)
投保单位(签章)					
		年 月 日			

【任务实施】

编制公路货物运输险投保单

① 被保险人填写被保险的公司全称,即货主名称。
② 根据客户订单信息和投保需求填写保险货物名称、件数和投保金额。
③ 根据车辆调度安排填写运输工具规格、起运时间。
④ 赔款偿付地点为到达站。
⑤ 运输路线填与始发站、中转站和目的站,无中转的则转载地点填"无"。
⑥ 根据客户投保要求填写投保险别和对应保险费率。
⑦ 承运方作为投保单位签章。

⑧ 客服人员根据填单时间填写投保时间。

完成后的国内货物运输险投保单如表 2-55 所示。

表 2-55

国内货物运输险投保单

编号：BXD1002

我处下列货物拟向你处投保国内货物运输保险：

被保险人		上海神舟电子贸易公司			
标记或发票号码	保险货物名称	件数	提单或通知单号次		投保金额
无	独立显卡	20	无		10000
运输工具(及转载工具)	5.2米厢式车	约于 20×× 年 9 月 15 日 起运		赔款偿付地点	北京站
运输路线	自 上海	经 天津	到 北京	转载地点	天津站
要保险别	基本险	附加险别	基本险费率(‰)	附加险费率(‰)	
	有	无	1	无	
投保单位(签章)		上海现代物流中心			
		20×× 年 9 月 15 日			

小知识

公路运输保险类别

公路运输保险类别主要分为陆运险和陆运一切险两种。

1. 陆运险的责任范围包括被保险货物在运输途中遭受暴风、雷电、地震、洪水等自然灾害，或由于陆上运输工具遭受碰撞、倾覆或出轨，或在驳运过程，驳运工具搁浅、触礁、沉没或由于遭受隧道坍塌、崖崩或火灾、爆炸等意外事故所造成的全部损失或部分损失。

2. 陆运一切险的责任范围除包括上述陆运险的责任外，保险公司对被保险货物在运输途中由于外来原因造成的短少、短量、偷窃、渗漏、碰损、破碎、钩损、雨淋、生锈、受潮、长霉、串味、沾污等全部或部分损失，也负有赔偿责任。

【任务小结】

公路货物运输保险是为使货物在公路运输中，因遇到自然灾害或意外事故，所造成的损失能够得到经济补偿的行为。被保险货物遭受损失时，保险公司需按保险单上订明承保险别的条款规定承担赔偿责任。因此，只有正确填写公路货物运输险投保单，才能顺利完成投保工作，确保发生事故后投保人能向保险公司索赔提供依据。

体验活动　制作公路货物运输险投保单

【任务背景】

20××年6月8日10时15分,快达物流有限公司天津站客服刘虎收到一份带有客户签章的发运计划,具体内容如表2-56所示。

表 2-56

发运计划			
托运单号	YD8470000009312	客户编号	WOEO8877
托运人	天津长发电子设备厂,联系人:李丽(经理),联系电话:022-64351003,地址:天津市和平区兴安路1号,邮编:300041			
包装方式	木箱			
货物详情	货物名称:电子设备,数量:50箱,单件重量:50 kg,单件体积:0.25 m³			
收货人	天津嘉顺电子设备哈尔滨市办事处,联系人:谢奇,联系电话:0451-32315618,地址:哈尔滨市南岗区新京路23号,邮编:150000			
托运要求	(1) 要求上门取货和送货,取货地联系信息与托运人联系信息相同,送货地联系信息与收货人联系信息相同 (2) 要求20××年6月14日17时之前送到目的地 (3) 凭客户签字的运单作为回执			
结算	(1) 结算方式:月结 (2) 此批货物为重货,运费计算公式为:吨公里运价×运距×总吨数 (3) 不收取取货和送货费用,无其他杂费 (4) 托运人账号:622200010001876			
投保	货物需要投保,投保金额为100000元,保险费率为货值的0.3%,保险公司为中华保险公司			

　　天津站客服刘虎负责货物投保事宜,并于6月9日编制编号为BXD10221的公路货物运输险投保单。

　　调度员张栋梁安排司机段其成驾驶的车牌号为津G60761的车辆执行运输任务,该部班车为7.2米厢式车。20××年6月9日17时,行驶路线为"天津—哈尔滨"的班车从天津站发车。

【任务要求】

请以快达物流有限公司天津站客服刘虎的身份制作公路货物运输险投保单(填表2-54)。

【任务评价】

评价项目	评价描述	评定结果		
		达到	基本达到	未达到
基本要求	能理解公路运输货物运输投保的重要性			
	能说出公路运输货物运输投保单制作涉及的岗位及流转程序			
	能分析客户发货通知,根据货物信息正确填制公路运输货物投保单			
综合要求	在完成业务操作中,评价活动的质量;在按要求填写单证内容时,注意与同学合作、交流;对自己完成任务的情况进行小结			

教学活动　残损记录表的制作与流转

【任务背景】

20××年9月14日,上海现代物流中心客服沈月华收到客户编号为KHBH003的供应商,上海神舟电子贸易公司采购部经理陈力的发货通知,具体内容如表2-57所示。

表2-57

发货通知				
托运单号	YD20××0091501		客户编号	KHBH003
托运人	上海神舟电子贸易公司,联系人:张慧,联系电话:021-63470493,地址:上海市虹口区江湾路55号,邮编:200081			
包装方式	纸箱			
货物详情	货物名称:主板GA-Z68XP-UD3P,数量:80箱,总重量:2720 kg,总体积:7.68 m³;独立显卡GV-N52128TE,数量:20箱,总重量:660 kg,总体积:1.92 m³			
收货人	北京华胜公司,地址:北京市朝阳区工体北路100号,联系人:周明明,电话:010-51909206,邮编:100027			
托运要求	(1) 要求上门取货和送货,取货地联系信息与托运人联系信息相同,送货地联系信息与收货人联系信息相同 (2) 要求20××年9月17日18时之前送到目的地 (3) 凭客户签字的运单作为回执			
结算	(1) 结算方式:月结 (2) 此批货物为重货,运费计算公式为:吨千米运价×运距×总重量 (3) 取货和送货费用合计为120元,无其他杂费 (4) 托运人付费账号:356600001117846			
投保	此批货物中独立显卡需要投保,投保金额为10000元,保险费率为货值的0.1‰,保险公司为上海平安保险公司			

调度安排司机刘毅驾驶车牌号为沪A90591的车辆执行运输任务,该车为5.2米厢式车。20××年9月15日22时,行驶路线为"上海—北京"的班车从上海站发车。

20××年9月16日17时班车准时到达北京站,北京站调度员李东负责卸货作业。9月17日早上10点,货物配送到收货人处。北京华胜公司收货人张博在对货物进行验收时,发现有3箱货物外包装受挤压破损,于是当场拍照取证。上海现代物流中心北京站配送员王小平通知北京站客服周涛,周涛根据保险理赔流程处理货物理赔并填制编号为CSJL20990917001的残损记录表。

【任务要求】
请以上海现代物流中心北京站客服周涛的身份制作残损记录表。

【任务分析】
受理客户投诉后,物流公司客服人员需先对事故进行调查取证,判断投诉客户是否投保;其次根据销售提供的赔付规定或方案判断是否对事故进行赔付;最后向保险公司提交理赔所需的所有材料,完成理赔工作。

残损记录表是投保货物理赔流程中所必须填写的单据,是物流公司对货损事故调查的记录,在单据中应说明货损责任人、货物残损状况和受损货物赔偿处理的方法等。

残损记录表常用格式如表2-58所示。

表2-58

残损记录表

编号				填报人			
站点		运单号		车号		施封检查	
路由		发现时间		残损件数			
操作环节		预估价值		责任人			
货物残损状况							
	报告部门		报告人		接收部门		接收人
解决措施							
	实施部门		负责人		日期		
处理结果							
	报告人		负责人		日期		
操作人	站负责人		操作员		调度员		承运司机

【任务实施】

步骤一　受理投诉，事故调查

北京站客服部周涛受理客户投诉后,将事故情况通知北京站调度员刘长江。20××年9月17日14点,刘长江赶到验收现场,与北京华胜公司负责人沟通后,决定立即对该批货物进行施封检查鉴定,如图2-10所示。

鉴定结果如下：

① 发生残损货物运单号：YD20990091501。
② 残损货物名称：独立显卡GV-N52128TE。
③ 实际残损件数：5件。
④ 残损状况：货物损坏,不能正常销售。
⑤ 残损货物预估价值：5000元。
⑥ 残损货物投保情况：已投保。
⑦ 责任人：陈志。
⑧ 操作环节：卸车作业。
⑨ 残损原因：装卸员陈志进行卸车作业时存在不规范操作,致使货物损坏。

图2-10　货损调查

步骤二　确定理赔，填制残损记录表

20××年9月17日17点,刘长江将结果报告给上海现代物流中心北京站客服部周涛。周涛根据鉴定结果,确定对事故理赔,同时填制相应的残损记录表。

① 客服人员填写站点为收货站,填写路由为发货站到收货站,即上海—北京。

② 客服人员根据发生残损货物所在的运单号码、运载该批货物的车号、发现残损货物的具体时间分别填写运单号、车号和发现时间。

③ 客服人员根据残损货物的预估价值、残损货物的件数分别填写预估价值、残损件数。

④ 客服人员根据残损情况的填报人、到站后的施封检查人、造成残损的责任人分别填写填报人、施封检查人、责任人。

⑤ 客服人员根据货物的具体残损情况及导致的结果填写货物残损状况；解决措施为对北京华胜公司赔偿实际损失；处理结果为报保险公司索赔。

⑥ 客服人员在"报告部门""报告人""接收部

> **小贴士**
>
> 残损记录表中货物残损状况、解决措施、处理结果栏由报告部门、实施部门、报告人及接收部门根据货物理赔流程填写。到现场事故调查的调度人员负责确认货物残损情况并将情况向客服部门报告；客服人员作为保险理赔的负责人,应根据货物残损情况分析并确定理赔的解决措施和处理结果。

门""接收人""实施部门""负责人""日期"栏目分别填写残损情况的报告部门、报告人、接收部门、接收人、残损货物赔偿事宜的实施部门、负责人、具体的赔偿事宜办理日期;在"处理结果"栏的"报告人""负责人""日期"栏目分别填写残损赔偿事宜的报告人、负责人。

⑦ 客服人员在"操作员""调度员""承运司机"栏分别填写集货和公路货物运单填制人、操作站调度人员和该批货物的承运司机。

完成后的残损记录表如表2-59所示。

表2-59

残损记录表

编号	CSJL20990917001			填报人		周涛	
站点	北京站	运单号	YD20990091501	车号	沪A90591	施封检查	刘长江
路由	上海—北京	发现时间	20××-09-17 10:00:00		残损件数	5	
操作环节	卸车作业	预估价值	5000元		责任人	陈志	
货物残损状况	货物损坏,不能正常销售						
	报告部门	调度部	报告人	刘长江	接收部门	客服部	接收人	周涛
解决措施	对北京华胜公司赔偿实际损失						
	实施部门	客服部	负责人	周涛	日期	20××-09-17		
处理结果	报保险公司索赔						
	报告人	客服部	负责人	周涛	日期	20××-09-17		
操作人	站负责人		操作员		调度员		承运司机	

【任务小结】

在货物运输过程中,一旦货物发生损失,接到客户要求赔偿的投诉后,物流运输企业需要及时、高效地受理投诉,对发生的事故进行调查,分析原因,填制相关的理赔单证,完成理赔赔付操作,并对投诉处理完毕的客户进行电话回访,提升客户理赔满意度,减少因货损造成的客户流失。

体验活动　制作残损记录表

【任务背景】

20××年6月8日10时15分,快达物流有限公司天津站客服刘虎收到一份带有客户签章的发运计划,具体内容如表 2-60 所示。

表 2-60

<table>
<tr><td colspan="4" align="center">**发运计划**</td></tr>
<tr><td>托运单号</td><td>YD8470000009312</td><td>客户编号</td><td>WOEO8877</td></tr>
<tr><td>托运人</td><td colspan="3">天津长发电子设备厂,联系人:李丽(经理),联系电话:022-64351003,地址:天津市和平区兴安路1号,邮编:300041</td></tr>
<tr><td>包装方式</td><td colspan="3">木箱</td></tr>
<tr><td>货物详情</td><td colspan="3">货物名称:电子设备,数量:50箱,单件重量:50 kg,单件体积:0.25 m³</td></tr>
<tr><td>收货人</td><td colspan="3">天津嘉顺电子设备哈尔滨市办事处,联系人:谢奇,联系电话:0451-32315618,地址:哈尔滨市南岗区新京路23号,邮编:150000</td></tr>
<tr><td>托运要求</td><td colspan="3">(1)要求上门取货和送货,取货地联系信息与托运人联系信息相同,送货地联系信息与收货人联系信息相同
(2)要求20××年6月14日17时之前送到目的地
(3)凭客户签字的运单作为回执</td></tr>
<tr><td>结算</td><td colspan="3">(1)结算方式:月结
(2)此批货物为重货,运费计算公式为:吨公里运价×运距×总吨数
(3)不收取取货和送货费用,无其他杂费
(4)托运人账号:622200010001876</td></tr>
<tr><td>投保</td><td colspan="3">货物需要投保,投保金额为100000元,保险费率为货值的0.3‰,保险公司为中华保险公司</td></tr>
</table>

调度员张栋梁安排司机段其成驾驶车牌号为津 G60761 的车辆执行运输任务。

20××年6月9日17时从天津站发车,20××年6月10日4时到达长春站。不更换运输车辆,预计于6时从长春站出发,同日10时到达哈尔滨站。

6月10日下午14时,货物配送到收货人处。6月11日上午10时,天津嘉顺电子设备哈尔滨市办事处收货人谢奇在对货物进行开箱验收时,发现有1箱货物受挤压破损,于是当场拍照取证并向快达物流哈尔滨站客服于晶晶投诉,要求物流公司理赔。

客服部于晶晶受理客户投诉后,将事故情况通知哈尔滨站调度部王明,20××年6月11日16点,王明赶到验收现场,与天津嘉顺电子设备哈尔滨市办事处负责人沟通后,决定立即对该批货物进行施封检查鉴定。残损货物预估价值为 2000 元,为运输作业环节产生,王明将检查结果报告给客服于晶晶。于晶晶确认对事故索赔并填写编号为 CSJL83000123 的残损记录表,解决措施为赔偿货物损失,处理结果是由保险公司索赔。

【任务要求】

请以快达物流哈尔滨站客服于晶晶的身份制作残损记录表(填制表 2-58)。

【任务评价】

评价项目	评价描述	评定结果		
		达到	基本达到	未达到
基本要求	能说出编制残损记录表的基本流程			
	能说出残损记录表制作涉及的岗位及流转程序			
	能根据货物信息正确填制残损记录表			
综合要求	在完成业务操作中,评价活动的质量;在按要求填写单证内容时,注意与同学合作、交流;对自己完成任务的情况进行小结			

任务七　水路运单的制作

【学习目标】

1. 能理解水路运单的含义,了解运单在水路运输组织中的作用;
2. 能理解水路运单各联的作用;
3. 能根据业务信息制作水路运单并进行流转;
4. 能根据公布的水路运费费率计算运费;
5. 能严格遵守运输企业的作业规范,养成认真、仔细的工作习惯,减少单证的差错,确保运输的安全、顺利。

水路运输是利用船舶、排筏和其他浮运工具,在江、河、湖泊、人工水道以及海上运送旅客和货物的一种运输方式,如图 2-11 所示。水路运输有着运量大、运费低、对货物适应性强的特点。

图 2-11　水路运输

教学活动 水路运单的制作与流转

【任务背景】

20××年9月10日,武汉市宏图船务有限责任公司客服人员黄海峰收到武汉(钢铁)集团公司的发货通知,要求将钢材发往南京华尔特有限责任公司。发货信息如下:

货物名称:中空麻花钢 SZ01,单件尺寸(m)0.10×0.12×12,单件重量 35 kg,单件体积 0.144 m^3;数量 1000 个,总重量 35000 kg;总体积 144 m^3,货物价值 30000 元,发货编号 FH-01;

货物名称:实心麻花钢 SZ02,单件尺寸(m)0.12×0.12×12,单件重量 45 kg,单件体积 0.1728 m^3,数量 1000 个,总重量 45000 kg,总体积 172.8 m^3;货物价值 40000 元,发货编号 FH-02;

货物名称:中空六角钢 SZ03,单件尺寸(m)0.08×0.08×10,单件重量 40 kg,单件体积 0.064 m^3,数量 2000 个,总重量 80000 kg,总体积 128 m^3;货物价值 50000 元,发货编号 FH-03。

武汉(钢铁)集团公司地址:武汉市中南路 200 号,联系人:曹军,联系电话:027-60974173,邮编:420106。

南京华尔特有限责任公司地址:南京市浦口区环城西路 50 号,联系人:李莉,联系电话:025-65808001;邮编:211800。

要求:20××年9月14日运到南京港,费率是货物价值的 3%,装船费 1000 元。

调度员张晨根据黄海峰收到的发货通知填制单号为 SLHWYD001 的水路货物运单,交接清单号码为 JJQD001,安排货物装在船名航次为 GOL0001 的船舶上运往南京。

【任务要求】

请以武汉市宏图船务有限责任公司调度员张晨的身份制作水路货物运单。

【任务分析】

水运货物单证分为国内运输单证和国际运输单证,国内水路货物运输采用运单制度。

水路运单经承托双方签章后,具有合同的效力,明确了承运人与托运人、收货人之间的权利、义务关系和责任界限。同时水路运单也是承、托、收及装、卸港港口经营人用来交接货物、运杂费结算和留存备查的重要凭证。

水路货物运单、货票一式六份。顺序如下:

第一份:货票(起运港存查联)
第二份:货票(解缴联)起运港→航运企业
第三份:货票(货运人收据联)起运港→托运人
第四份:货票(船舶存查联)起运港→船舶
第五份:货票(收货人存查联)起运港→船舶→到达港→收货人
第六份:货物运单(提货凭证)起运港→船舶→到达港→收货人→到达港存

水路运单常用格式如表 2-61 所示。

表 2-61

水路货物运单

交接清单号码：　　　　　　　　　　　运单号码：

船名航次		起运港		到达港		到达日期（承运人章）	收货人（章）
托运人	全称		收货人	全称			
	地址、电话			地址、电话			
	银行账号			银行账号			

发货符号	货物名称	件数	包装	价值（元）	托运人确定		计费重量		等级	费率	金额	应收费用		
					重量(t)	体积（长×宽×高）(m³)	重量(t)	体积(m³)				项目	费率	金额
												运费		
												装船费		
合计														

运到期限（或约定）		托运人（签章）日期		总计	
特约事项		承运人（签章）日期		核算员	
				复核员	

【任务实施】

步骤一　明确水路运单各项填写方法

① 调度员填写水路货物运单的运单号码和交接清单号码。

② 调度员根据托运要求为托运人安排船舶舱位，并填写相应的船名航次、起运港和到达港。

③ 调度员根据托运信息填写托运人和收货人的全称、地址、电话、银行账号等信息。

④ 调度员根据托运信息填写各承运货物对应的信息,包括货物的货物名称、发货编号、件数、包装、价值、重量、体积、费率、金额。

⑤ 调度员计算运费和装船费,填写水路运输应收费用。

> **小贴士**
>
> 规定按重量和体积计费的货物,应当填写货物重量(T)和体积(长×宽×高)(m³),托运人确认货物重量(t)和体积(长×宽×高)(m³),承运人确认计费重量。

步骤二 填制水路运单

调度员张晨根据客户发货要求填制水路货物运单,完成后的水路运单如表2-62所示。

表 2-62

水路货物运单

交接清单号码:JJQD001　　　　　　　　　　　　　　　　运单号码:SLHWYD001

船名航次	GOL0001	起运港	武汉	到达港	南京				
托运人	全称	武汉(钢铁)集团公司	收货人	全称	南京华尔特有限责任公司	到达日期(承运人章)		收货人(章)	
	地址、电话	武汉市中南路200号 电话:027-60974173		地址、电话	南京市浦口区环城西路50号 电话:025-65808001				
	银行账号			银行账号					

发货符号	货物名称	件数	包装	价值(元)	托运人确定		计费重量		等级	费率	金额(元)	应收费用		
					重量(t)	体积(长×宽×高)(m³)	重量(t)	体积(m³)				项目	费率	金额
												运费		3600
FH-01	中空麻花钢SZ01	1000		30000	35	0.10×0.12×12×1000	35	144		3‰	900	装船费		1000
FH-02	实心麻花钢SZ02	1000		40000	45	0.12×0.12×12×1000	45	172.8		3‰	1200			
FH-03	中空六角钢SZ03	2000		50000	80	0.08×0.08×10×2000	80	128		3‰	1500			

续表

合计		4000		120000	160	444.8	160	444.8		3600
运到期限 (或约定)		20××年9月14日运到南京港					托运人(签章) 曹军 日期		总计	4600
									核算员	
特约事项							承运人(签章) 黄海峰 日期		复核员	

小贴士

规定托运人与承运人交接货物后,各自签章确认;货物到达目的港,由收货人签署到达时间,与承运人完成交接手续,各自签章确认。

【任务小结】

水路运单是承运人或其代理人在接受托运人订舱时,根据货物托运情况安排货物运输而制订的单证。水路运单一经承运人确认,便可作为承、托双方订舱的凭证。因此,水路运单的填制和流转是水路运输中至关重要的操作环节,需要熟练掌握才能为后续货物运输工作打下坚实的基础。

小知识

我国的内河运输

我国幅员辽阔,江河湖泊纵横分布。我国的内河运输主要分布在长江水系、京杭运河、珠江水系、黑龙江水系和黄河水系等。长江水运干线,上起云南水富,下至上海长江口,全长2838公里,是我国唯一贯穿东、中、西部的交通大通道,是我国江河运输的主体,长江水系的主要港口有重庆、武汉、南京和上海等。在货运量方面,京杭运河仅次于长江水运,居内河运输第二位。

体验活动　制作水路运单

【任务背景】

20××年10月20日,迅达物流有限公司客服人员马青收到浙江光明公司的发货通知,浙江光明公司有一批棉布要运往上海纺织品总公司。货物信息如下:

棉布TQ101,单位重量115 kg,总体积为32.06 m³,共140包,货物价值为每包780元。浙江光明公司地址:宁波市新华路139号,联系人:周三鸣,电话:0574-45577841;上海纺织品总公司地址：上海市中山北路 1345 号，联系人：赵露，电话：021-64455112。

货物采用班轮运输，船名航次为先锋号 V101，班轮于 20××年 10 月 25 日从宁波港起运，10 月 26 日到达上海港。班轮运价率为 5.43 元/W/M，装船费为 300 元。

【任务要求】

物流公司调度员丁强根据马青收到的发货通知填制单号为 YD10001 的水路货物运单（填制表 2-61），交接清单号码为 JJQD001。

【任务评价】

评价项目	评价描述	评定结果		
		达到	基本达到	未达到
基本要求	能说出编制水路货物运单的基本流程			
	能说出水路货物运单涉及的岗位及流转程序			
	能分析客户发货通知，根据货物信息正确填制水路货物运单			
综合要求	在完成业务操作中，评价活动的质量；在按要求填写单证内容时，注意与同学合作、交流；对自己完成任务的情况进行小结			

任务八　铁路运输单证的制作

【学习目标】

1. 能理解铁路运单的含义，了解运单在铁路运输组织中的作用；
2. 能理解铁路运单的流转过程；
3. 能根据业务信息制作铁路运单并进行流转；
4. 能根据公布的铁路运费费率计算运费；
5. 能严格遵守运输企业的作业规范，养成认真、仔细的工作习惯，减少单证的差错，确保运输的安全、顺利。

铁路运输是指利用火车，通过铁路把旅客和货物从一个地点运到另一个地点的运输方式。与其他运输方式相比，铁路运输具有运量大、运输成本低、受气候和自然条件影响小的特点，可以说铁路运输是国家经济大动脉，在整个运输领域中占有重要的地位，如图 2-12 所示。

图 2-12 铁路运输

教学活动　铁路运单的制作与流转

【任务背景】

20××年7月1日,顶新物流有限公司客服方小兰收到客户的一份托运申请,内蒙古通辽国家粮食储备库要将一批粮食运往广西柳州粮食储运有限公司。顶新物流有限公司计划采用铁路整车运输方式将货物由通辽火车货运站场送至南宁南站货场,再采用公路运输方式运至柳州。结算方式为货到付款。根据合同要求,20××年7月9号前该批货物需被运到目的地火车货运站。内蒙古通辽国家粮食储备库按指定日期7月3日将货物运至通辽火车货运站,货位号为1001。7月4日22:00火车发车,到达南宁南站货场的时间是7月7日20:40。7月8日8:00顶新物流有限公司广西分公司在南宁站货场接货。铁路部门运输号码是YS001,运价里程为3200千米,运输车种车号是P001。货物详情:粮食,共1600袋,用麻袋包装,重量为50千克/包。

内蒙古通辽国家粮食储备库的地址:内蒙古通辽市民航路2号,联系人:周丽,联系电话:0475-82688888,邮编:028000。

广西柳州粮食储运有限公司的地址:南宁市东顺路16号,联系人:赵云,电话:0771-5337406,邮编:530000。

顶新物流有限公司客服方小兰根据客户要求,填写铁路货物运单并向发站铁路部门办理托运。

【任务要求】

请以顶新物流有限公司客服方小兰的身份制作铁路货物运单。

【任务分析】

铁路运单是托运人与承运人之间,为运输货物而签订的一种运输合同。它是确定托运人、承运人、收货人之间在运输过程中权利、义务和责任的原始依据。铁路货物运单既是托运人向承运人托运货物的申请书,也是承运人承运货物、核收运费、填写货票以及编制记录和备查的依据。

铁路货物运单的流转过程:

铁路运单:托运人——发站——到站——收货人;

领货凭证:托运人——发站——托运人——收货人——到站。

铁路货物运单常用格式如表2-63所示。

> **小贴士**
>
> 铁路货物运单由两部分组成,左边是货物运单,右边为领货凭证。铁路运单中左侧"托运人填写"部分和领货凭证各栏由托运人填写,右边各栏由承运人填写。

表 2-63

铁路货物运单

承运人/托运人装车
承运人/托运人施封

货物指定于　　年　月　日　搬入
××铁路局
货　位：

计划号码或运输号码：
运到期限　　日　托运人→发站→到站→收货人

货物运单	领货凭证
	车种及车号
	货票第　　号
	运到期限　　　日

托运人填写			承运人填写		发站		
发站		到站(局)	车种车号	货车标重	到站		
到站所属省(市)自治区			施封号码		托运人		
托运人	名称		经由	铁路货车篷布号码	收货人		
	住址	电话			货物名称	件数	重量
收货人	名称		运价里程	集装箱号码			
	住址	电话					
货物名称	件数	包装	货物价格	托运人确定重量(千克)	承运人确定重量(千克)	计费重量	运价号	运价率	运费		
合计											托运人盖章或签字	
托运人记载事项				承运人记载事项				发站承运日期戳	
注:本单不作为收款凭证;托运人签约须知见背面				托运人(签章)		到站交付日期戳	发站承运日期戳	注:收货人领货须知见背面	

【任务实施】

步骤一　确认托运信息,填写铁路运单

顶新物流有限公司客服方小兰收到客户的托运申请后,根据客户托运信息填写铁路货物运单中"托运人填写"栏目,并向铁路部门办理托运。完成后的铁路运单如表 2-64 所示。

表 2-64

铁路货物运单

				承运人/托运人装车	
货物指定于	年 月 日	搬入 ××铁路局		承运人/托运人施封	
货 位：					

　　　　　　　　　　　　　货物运单　　　　　　　　　领货凭证
　　　　　　　　　　　　　　　　　　　　　　　　　　车种及车号
计划号码或运输号码：　　　　　　　　　　　　　　　　货票第　　号
运到期限　　日　托运人→发站→到站→收货人　　　　运到期限　　日

托运人填写				承运人填写		领货凭证		
发站	通辽	到站(局)	南宁南站	车种车号	货车标重	发站	通辽	
到站所属省(市)自治区		广西省南宁市		施封号码		到站	南宁南站	
托运人	名称	内蒙古通辽国家粮食储备库		经由	铁路货车篷布号码	托运人	内蒙古通辽国家粮食储备库	
	住址	内蒙古通辽市民航路2号	电话 0475-82688888			收货人	广西柳州粮食储运有限公司	
收货人	名称	广西柳州粮食储运有限公司		运价里程	集装箱号码	货物名称	件数	重量
	住址	南宁市东顺路16号	电话 0771-5337406			粮食	1600	80000
货物名称	件数	包装	货物价格	托运人确定重量(千克)	承运人确定重量(千克)	计费重量	运价号	运价率	运费
粮食	1600	麻袋		80000					
合计	1600			80000		托运人盖章或签字			
托运人记载事项				承运人记载事项		发站承运日期戳			
注：本单不作为收款凭证；托运人签约须知见背面		托运人(签章)		到站交付日期戳	发站承运日期戳	注：收货人领货须知见背面			

　　① "发站"栏和"到站（局）"栏应分别按铁路货物运价里程表规定的站名完整填写，不得填写简称。
　　② "托运人名称""收货人名称"栏应填写发货单位和收货单位的完整名称，如果发货人或收货人为个人，则应填写发货人或收货人姓名；"托运人地址""收货人地址"栏应详细填写发货

人和收货人所在省、市、自治区城镇街道和门牌号码或乡、村名称;"托运人电话""收货人电话"栏应正确填写发货单位和收货单位的电话号码,确保发生意外事情时能够及时联系到收、发货人。

③"件数"栏应按货物名称及包装种类,分别记明件数,"合计件数"栏填写该批货物的总件数。

④"包装"栏填写包装种类,如:"木箱""纸箱"等。按件承运的货物无包装时,填写"无"。使用集装箱运输或只按重量承运的货物,本栏可以省略不填。

⑤"货物价格"栏应按照货物的实际价格计算,并需要填写货物价格的单位。

⑥"托运人确定重量栏"按照货物的实际重量计算,"合计重量"栏填写该批货物的总重量。

⑦ 领货凭证各栏,托运人填写时(包括加盖印章与签字)应与运单相应各栏记载内容保持一致。

> **小贴士**
>
> 按一批托运的货物,不能逐一将品名在运单内填记时,必须另填物品清单,一式三份,一份由发站存查,一份随同运输票据递交到站,一份退还托运人。

步骤二　接受托运,承运人填制铁路运单

发站检查托运人提交的运单,"托运人填写"的项目应正确、完整,铁路部门接受托运,确认承运货物的数量和重量,办理托运手续,并填制铁路运单中"承运人填写"栏目。完成后的铁路运单如表2-65所示。

① 发站在"货物指定于××月××日搬入"栏内,填写指定搬入日期;"搬入××"栏,填写发站的完整名称。

②"运到期限××日"栏,填写按规定计算的货物运到期限日数。

③"货票第××号"栏,应根据该批货物所填发的货票号码填写。

④ 运单和领货凭证上的"车种、车号"和"货车标重"栏,按整车办理的货物必须填写。本题货车标重为21吨。

⑤"铁路货车篷布号码"栏,应填写该批货物所苫盖的铁路货车篷布号码;"集装箱号码"栏,填写装运该批货物的集装箱的箱号。

⑥"施封号码"栏,应填写施封环或封饼上的施封号码;封饼不带施封号码时,则填写封饼个数。本题货车施封号码为TL1021。

⑦"经由"栏,当货物运价里程按最短路径计算时,本栏可不填。

⑧"运价里程"栏,填写发站至到站间最短路径的里程,但绕路运输时,应填写绕路经由的里程。

⑨"承运人确定重量"栏,货物重量由承运人确定的,应将检斤后的货物重量,按货物名称及包装种类分别用千克填记;"合计重量"栏填记该批货物总重量。

⑩"运价号"栏应按"货物运价分类表"规定的各该货物运价号填写。本题运价号为22。

⑪"运价率"栏,应按该批货物确定的运价号和运价里程,从"货物运价率表"中找出该批(项)货物适用的运价率计算填写。

⑫"运费"栏,按应收运费数填写。本题运费为917.1元。

表 2-65

铁路货物运单

					承运人/托运人装车					领货凭证

货物指定于 20××年 7月 3日　搬入通辽火车货运站
　　　　　　　　　××铁路局
货　　位：1001

承运人/托运人施封

货物运单

车种及车号 P001
货票第　1　号
运到期限 6日

计划号码或运输号码：YS001
运到期限 6日　　托运人→发站→到站→收货人

托运人填写				承运人填写					
发站	通辽	到站(局)	南宁南站	车种车号	P001	货车标重	21吨	发站	通辽
到站所属省(市)自治区			广西省南宁市	施封号码		TL1021		到站	南宁南站
托运人	名称	内蒙古通辽国家粮食储备库		经由		铁路货车篷布号码		托运人	内蒙古通辽国家粮食储备库
	住址	内蒙古通辽市民航路2号	电话 0475-82688888					收货人	广西柳州粮食储运有限公司
收货人	名称	广西柳州粮食储运有限公司		运价里程		集装箱号码		货物名称	件数　重量
	住址	南宁市东顺路16号	电话 0771-5337406		3200			粮食	1600　80000

货物名称	件数	包装	货物价格	托运人确定重量(千克)	承运人确定重量(千克)	计费重量	运价号	运价率	运费(元)
粮食	1600	麻袋		80000	80000	80000	22		917.10
合计	1600			80000	80000	80000			917.10
托运人记载事项				承运人记载事项				托运人盖章或签字	
								发站承运日期戳	
注：本单不作为收款凭证；托运人签约须知见背面			托运人(签章)	到站交付日期戳		发站承运日期戳		注：收货人领货须知见背面	

【任务小结】

铁路运输是物流运输的主要方式之一。托运人在办理零担、集装箱、班列货物运输时，将填写好的铁路运单提报给装货车站，铁路部门据此安排运输，并通知托运人将货物搬入仓库或集装箱内。因此，托运人需准确、规范地填写运单信息，并对填写的内容负责。

体验活动　制作铁路运单

【任务背景】

20××年3月15日,新疆天山种子公司与乌鲁木齐火车站签订了一份运输合同,将60吨种子运往郑州北站,收货人是郑州粮食批发公司。

货物详情:玉米种子、大豆种子各600袋,包装方式均为编织麻袋,每袋50千克。

根据合同要求,20××年3月17日前需将货物运至乌鲁木齐车站火车货运站,3月18日12:00火车发车,运到期限为4天,乌鲁木齐车站火车货运站为客户调拨车号为P3041493的棚车,棚车标重20吨。装车后,发站施封一枚,封号为009319,铁路部门运输号码是YS001,运价里程为3000千米。

新疆天山种子公司的地址:乌鲁木齐市永丰乡南江路90号,联系人:蒋奇,联系电话:0991-28930112,邮编:830033。

郑州粮食批发公司的地址:郑州市开元路218号,联系人:陈明达,电话:0371-66926910,邮编:450044。

【任务要求】

请以乌鲁木齐火车站工作人员的身份制作铁路货物运单(填制表2-63)。

【任务评价】

评价项目	评价描述	评定结果		
		达到	基本达到	未达到
基本要求	能说出编制铁路货物运单的基本流程			
	能说出铁路货物运单制作涉及的岗位及流转程序			
	能分析客户发货通知,根据货物信息正确填制铁路货物运单			
综合要求	在完成业务操作中,评价活动的质量;在按要求填写单证内容时,注意与同学合作、交流;对自己完成任务的情况进行小结			

教学活动　铁路货票的制作与流转

【任务背景】

20××年7月1日,顶新物流有限公司客服方小兰收到客户的一份托运申请:内蒙古通辽国家粮食储备库要将一批粮食运往广西柳州粮食储运有限公司。方小兰收到客户托运申请后,向铁路部门办理托运,发站接受客户托运委托,双方填制铁路货物运单。20××年7月3日17时,内蒙古通辽国家粮食储备库将货物准时送至通辽火车货运站,托运人与发站交接货物,发站填制编号为HP001的铁路货票并与托运人结清运输费用。发到运费为41.6元,运行运费为875.5元。

【任务要求】

请以铁路发站工作人员的身份制作铁路货票。

【任务分析】

铁路货票是铁路运营的主要票据之一,在运输中,货票起着运输凭证的作用,它跟随货物一起到达目的地。同时,货票是一种财务性质的票据。对外,在发站它是向托运人核收运输费用的收款依据,在到站它是与收货人办理交付手续的一种凭证。对内,它则是清算运输费用、统计铁路完成工作量、运输收入以及有关货运工作指标的根据。

货票一式四联:甲联为留发站存查;乙联为报告联;丙联为承运证,发站收清运输费用后用于托运人报销;丁联为运输凭证,随同运单和货物递至到站,由到站存查。

铁路货票常用格式如表 2-66 所示。

表 2-66

货票

计划号码或运输号码:

××铁路局　NO.

甲联　发站存查

发站		到站(局)		车种车号		货车标重		承运人/托运人装车			
经由		货物运到期限				施封号码或铁路篷布号码					
运价里程		集装箱号码				保价金额		现付金额			
								费别	金额	费别	金额
托运人名称及地址						发到运费		运行运费			
收货人名称及地址						印花税		京九分流			
货物品名	品名代码	件数	货物重量	计费重量	运价号	运价率		建设基金		电气化附加费	
集装箱号码											
记事							合计				

【任务实施】

填制铁路货票

① "发站"栏和"到站(局)"栏应分别按"铁路货物运价里程表"规定的站名完整填写,不得填写简称;到达(局)名,填写到达站主管铁路局名的第一个字,北京局除外。

② "货物运到期限"栏,填写按规定计算的货物运到期限日数。

③ "运价里程"栏,填写发站至到站间最短路径的里程,但绕路运输时,应填写绕路经由的里程。

④ "托运人名称及地址""收货人名称及地址"栏应分别填写发货人和收货人的单位名称以及单位的详细地址。

⑤ 应根据托运信息填写各承运货物对应的信息,包括货物的货物名称、品名代码、件数、货物重量、运价号、运价率。

⑥ "现付金额"栏,填写铁路运输的发到运费、运行运费,以及铁路运输相应的附加费用,包括印花税、铁路建设基金费、电气化附加费等。

完成后的铁路货票如表2-67所示。

表2-67

货票

计划号码或运输号码:YS001

××铁路局　NO.
甲联　发站存查

发站	通辽	到站(局)	南宁南站	车种车号	P001	货车标重	21吨	承运人/托运人装车	
经由		货物运到期限		6		施封号码或铁路篷布号码		TL1021	
运价里程	3200	集装箱号码				保价金额		现付金额	
								费别	金额	费别	金额
托运人名称及地址		内蒙古通辽国家粮食储备库 内蒙古通辽市民航路2号						发到运费	41.6元	运行运费	875.5元
收货人名称及地址		广西柳州粮食储运有限公司 南宁市东顺路16号						印花税		京九分流	
货物品名	品名代码	件数	货物重量	计费重量	运价号	运价率		建设基金		电气化附加费	
粮食		1600	80000	80000	22						
集装箱号码											
记事								合计		917.1元	

> **小贴士**
>
> 电气化附加费是指铁路货物运输通过电气化铁路区段时要加付的费用。铁路电气化附加费的计费标准为：整车、零担货物按该批运费的计费重量计算，集装箱货物按箱计费。

> **小知识**
>
> 铁路运费核算程序
>
> （1）根据"铁路货物运价里程表"计算发站至到站的运价里程。
>
> （2）根据货物运单上填写的货物名称查找"铁路货物运输品分类与代码表"，确定使用的运价号；然后整车、零担货物按照货物适用的运价号、集装箱货物根据箱型、冷藏车货物根据车种，分别在"铁路货物运价率表"中查到适用的发到基价和运行基价。
>
> （3）货物适用的发到基价，加上运行基价与货物的运价里程相乘之积，算出运价，再与计算重量相乘，得出运费：
>
> 整车货物每吨运价＝发到基价＋运行基价×运价里程；
>
> 零担货物每10千克运价＝发到基价＋运行基价×运价里程；
>
> 集装箱货物每箱运价＝发到基价＋运行基价×运价里程。
>
> （4）计算附加费用，各项费用相加，就是运输费用的总额。

【任务小结】

铁路货票记载的内容包括货物的运输、流向、货物名称、数量、包装、重量、计费等信息，在铁路运营中起着非常重要的作用。

体验活动　制作铁路货票

【任务背景】

南昌苏果水果公司业务员王小强（地址：南昌市中山北路111号，电话：131545454××），在20××年3月16日与南昌铁路局订立了一份货物运输合同。货物是苹果1400箱，承运人运输期限为2天，到达站为上海站，南昌至上海运距为674千米。收货人为宋江，收货单位：上海姗姗水果批发市场，电话：021-63889900。王小强于20××年3月20日将货物装入一个20英尺的铁路集装箱，集装箱号为TBJU5901666，并在当天将集装箱送到南昌铁路局。苹果共18.4吨，1400箱，货物标明"鲜活易腐"，3月21日列车从武昌站出发。发到基价为150元/箱，运行基价0.75元/箱千米。建设基金40元，电气化附加费为826元。

【任务要求】

请以铁路发站工作人员的身份制作铁路货票（填制表2-66）。

【任务评价】

评价项目	评价描述	评定结果		
		达到	基本达到	未达到
基本要求	能说出编制铁路货票的基本流程			
	能说出铁路货票制作涉及的岗位及流转程序			
	能分析客户发货通知,根据货物信息正确填制铁路货票			
综合要求	在完成业务操作中,评价活动的质量;在按要求填写单证内容时,注意与同学合作、交流;对自己完成任务的情况进行小结			

拓展阅读　物流运输配送信息化

党的二十大报告指出,要坚持高水平对外开放,加快构建以国内大循环为主体、国内国际双循环相互促进的新发展格局。我国物流行业经过多年的发展,先后经历了机械化、自动化、智慧化的发展阶段。随着大数据、云计算、人工智能等新技术加快推广应用,有效解决了传统物流行业中成本高、效率低、环节多等问题。建立智慧物流体系,实现高质量发展,是以实干实绩推动党的二十大精神落地落实的必由之路。

上海顶通物流有限公司是国内最早开展现代物流集成化管理、以现代物流理念运作的第三方物流企业之一。公司聚焦快消品行业,业务覆盖快消品所有品类,在精细化物流和零售统仓业务上具有丰富的营运经验。公司网络覆盖全国 270 余个城市,仓库面积 100 余万平方米。其配送范围覆盖城市主城区及周边 150 千米以内外埠,月出货量为 1 亿 5 千万余箱,月配送店铺数为 76000 个,月配送车次为 12 万次。

在上海,顶通物流每天待配送的总门店数超过了 700 家,每天至少有 70 条配送路线需要进行规划。随着对收货时间窗、在途时长、车辆装载率的要求越来越高,原来的人工排线已经无法满足公司需求。如何完成覆盖如此多网点的配送线路规划和调度工作,从而进行线路优化?如何在配送过程中实现对配送车辆实时跟踪,从而实现有效管理?如何快速获取物流信息,对配送 KPI(关键绩效指标)进行实时监控、预警和分析?这三大问题是顶通物流面临的巨大挑战。

经过近几年的探索和研究,顶通物流提出了配送智能一体化的解决方案。解决方案包含智能排车调度系统、运输管理系统、电子收款系统、数据中台四大模块。

一、智能排车调度系统

顶通物流采用了上海讯轻信息科技有限公司开发的"懂调度"产品进行智能优化排车。产品功能模块包括基础信息、区域配置、运单管理、排线模块。

（一）基础信息

包括车型管理、车辆管理、司机管理和车辆司机绑定等功能(见图 2-13 至图 2-15)。

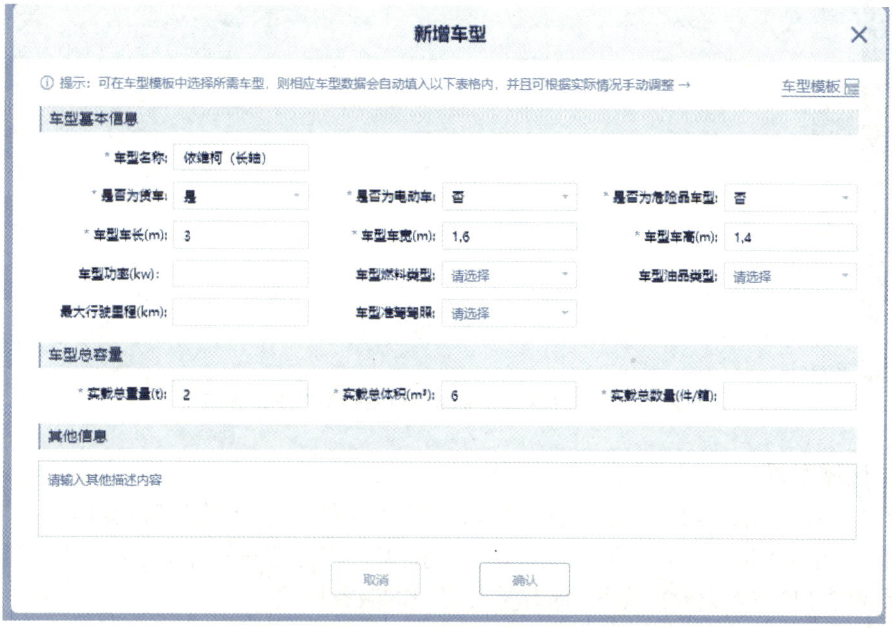

图 2-13　新增车型界面

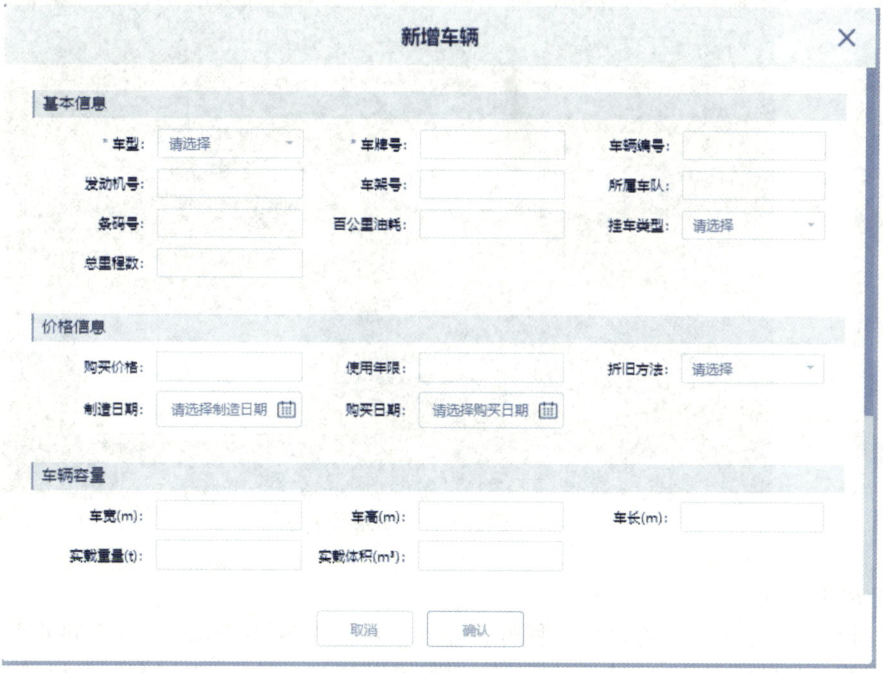

图 2-14　新增车辆界面

物流单证制作实务

图 2-15　司机管理界面和司机车辆关系绑运界面

(二) 区域配置

基于业务场景、限行限高、人工经验等因素,通过导入片区、手绘片区(见图 2-16)、采用标准行政片区、组合片区等多种功能完成订单片区配置。在配置过程中,也可以设置特殊站点,给 KA(重要客户)站点设置优先级,提升重要客户的服务体验。

图 2-16　通过手绘方式新增片区

(三) 运单管理

日常排线所需运单数据可以用多种方式导入。对格式各异或叫法名称不同的来源地址数据,可以采用地址清洗功能,一键批量导入。"懂调度"通过大数据、人工智能和机器学习,帮助企业快速整理、规范客户地址,将地址准确率提升至 95% 以上,有效提升配送到位率和及时率。

(四) 排线模块

排线模块包括了智能排线、极速排线和人工排线等功能。"懂调度"软件首创了凹凸算法。

凹凸算法是在保证原有配送区域的情况下,动态计算最优配载率,订单密度低的区域向外"凸"一点,订单密度高的区域向内"凹"一点。通俗地说就是,原来司机熟悉的区域是3千米的范围,使用凹凸算法后,司机熟悉的区域变成了4千米,在某区域订单密度变高时可以进行有效支援。这样的改变,对于司机来说没什么难度,而车辆配载可以得到显著提升,同时大大节约调度时间。凹凸算法支持40多种计算参数。顶通物流和讯轻合作后,通过凹凸算法,根据预先设置的排线策略,秒级计算出线路结果,包括最合理的车型和需要的车辆数、客户预约的时间窗、车辆装车的时间、KA的排队和卸货时间、每天线路的最长配送里程等,调度人员根据异常情况、客户的特殊需求等迅速完成排车(见图2-17)。原来即使是经验丰富的调度人员,进行人工排车平均也需要花费3个小时,而现在只需要半个小时,大大节约调度时间,提升车辆满载率,从而整体上优化运营成本。

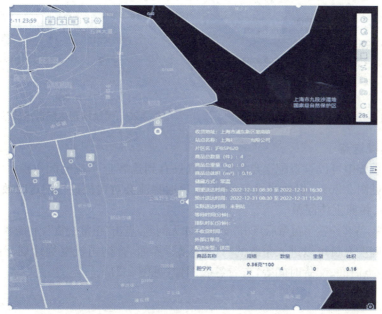

图2-17 排线结果地图模式预览显示线路和站点预计到达时间

二、运输管理系统

顶通物流使用物流宝提供的TMS(运输管理系统)的行车管理、GPS(全球定位系统)车辆监控、电子回单管理等功能,实现运输业务流程信息化、运输全程可视化,形成企业运输管理闭环,降低管理风险,提高管理效率,降低企业成本。

配送司机在手机上安装物流宝应用软件,进入"路单"界面,可以查看到当日待配送的订单。在此应用软件的司机端,司机需要完成以下四步工作。

(一)到达确认

司机确认到达顶通物流仓库(见图2-18)。

(二)装车确认

司机根据配送点距离远近顺序装车,若站点距离近,则将货物装在车厢靠外的部分,若站点距离远,则将货物装在车厢靠

图2-18 司机端到达确认界面

内的部分,节省卸载时间,提高送货效率。完成装车后,司机在应用界面进行装车确认(见图2-19)。

运输管理系统会自动规划最快路线,减少配送时间。GPS导航系统为司机导航,避免司机因为路况不熟或经验不足而导致遭遇拥堵等情况发生。

图2-19 司机端装车确认界面

图2-20 司机端到达配送点确认界面

(三)到达配送点

运输管理系统中可以设置配送点定位,司机只有到达客户所在的配送点,才能点击"到达配送点"签到(见图2-20)。根据司机签到情况,顶通物流会对司机进行配送时效考核。

(四)交货,拍照上传回单

司机卸完货,待客户签字盖章后点击"交货",如无问题,点击"正常交货",上传客户签字回单。

顶通物流调度人员可以进入系统的"订单跟踪"界面,查询司机发货计划、到库时间、装车时间、到达配送点时间、交货时间等,查看签收图像(见图2-21)。

图2-21 查看配送签收图像

调度人员也可以点击"地图追踪"按钮进行运输监控，系统会显示车辆到库、完成装货、离库、到达配送点、完成订单的时间、地点和对应的图标（见图2-22）。

图2-22　运输监控界面

顶通物流所有配送车辆上都装有车辆GPS定位系统，能实时定位跟踪全程配送轨迹，监控车辆运营状况。在GPS智能管理平台，可以设置"电子围栏"来管控车辆行车过程出现的违规、违章操作。电子围栏可以限定车辆驾驶范围，只要车辆触及区域红线或驶出区域，平台就会报警并留下记录痕迹，调度人员便可以及时发现异常并处理。

通过运输管理系统，调度人员能及时跟踪车辆运输情况，使车辆运输更加可控，信息更加清晰。司机能够及时上传回单，避免了回单丢失、破损等现象发生。同时，调度人员还能随时查询客户回单信息，避免信息滞后，实现与客户的信息资源共享。

三、电子收款系统

完成货到付款的配送任务后，司机可使用电子收款系统生成二维码，直接对收货人进行收款操作，账款也会直接进入到客户银行账户中，加快清算对账流程，减少单据管理成本，实现线上存证，保障交易安全。

四、数据中台

数据中台是实现企业全面数据化的一个解决方案，是一套全面支撑企业数据化的架构，会成为企业开展全面数据化的基础设施。随着云技术的普及和互联网应用的爆发，大数据时代产生了海量数据，但大多数企业数据分散、缺失，数据质量和数据利用率不高，尽管企业信息化程度越来越高，经营效率却得不到提升。这时候就需要一个平台来解决这些痛点。通过平台整合分散在各个孤岛上的数据、快速提升数据服务能力、为企业的经营决策提供支撑，数据中台就此应运而生。

数据中台一般具备四种功能：数据采集整合、数据提纯加工、数据服务可视化、数据价值变现。

（1）数据采集整合：创建企业数据中台的第一步，是打破企业内部各个业务系统的数据隔阂，形成统一的数据中心，为后续数据价值的挖掘提供基础。主要通过数据采集和数据交换实现。

（2）数据提纯加工：主要是对数据统一标准、补充属性，然后根据维度汇总成数据表，最后汇总出所需要的报表，满足企业对数据的需求。

（3）数据服务可视化：对数据进行计算逻辑的封装，生成 API（应用程序编程接口）服务。上层数据应用可以对接数据服务 API，让数据快速应用到业务场景中。数据服务 API 对接的 3 种常见数据应用包括数据大屏、数据报表、智能应用。

（4）数据价值变现：通过打通企业数据，提供以前单个部门或者单个业务部门无法提供的数据服务能力，为赋能前端应用、数据价值变现提供基础。

数据中台构建完成之后，不仅可以统一数据，还可以实现数据标准化存储，为企业梳理可以灵活调用的数据资产。数据中台形成的数据服务是企业独有的且能复用的资产，是业务和数据的沉淀，不仅能够减少各部门、多项目的重复建设，还能帮助企业在竞争激烈的商业环境中形成差异化优势。

通过数据中台，顶通物流目前已经整合了客户订单系统、企业仓储管理系统、运输管理系统、财务管理系统等所有业务系统，实现订单从生成到结算的完整流程中信息的收集和共享。以顶通物流配送作业为例，数据中台在现场运作阶段，收集每日营运数据，汇总已送、未配数量和费用、收入等数据，分析配送 KPI 指标（作业关键绩效指标），比如配送准时率、回单准时率、成本降低比例等。在经营管理阶段，结合企业资源数据（配送车辆、人员等）和外部因素（气温、油价、行业趋势、客户预估量等），建立资源模型，提前规划和合理运用资源，监控各类 KPI 指标，对指标异常情况预警。在决策分析阶段，在海量且完整的数据基础上，数据中台可以帮助企业快速响应市场需求，提高企业捕捉市场机会的能力，帮助企业实现准确和高效的决策。

模块三　国际货运代理单证

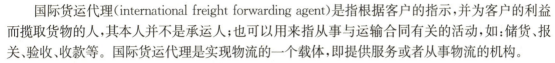

国际货运代理(international freight forwarding agent)是指根据客户的指示，并为客户的利益而揽取货物的人，其本人并不是承运人；也可以用来指从事与运输合同有关的活动，如：储货、报关、验收、收款等。国际货运代理是实现物流的一个载体，即提供服务或者从事物流的机构。

国际货运单证是国际货物运输流程中可能需要的进出口相关文件。为了保证进出口货物的安全交接，这些单证各有其特定的用途，彼此之间又相互依存。它们既把船、港、货各方联系在一起，又分清了各自的权利和义务。

任务一　海运单证的制作

【学习目标】

1. 能理解托运单的作用，了解海运出口货物托运的流程，能根据信用证、合同、发票等业务资料，制作海运出口托运单及集装箱货物托运单；
2. 能理解海运提单的流转过程，熟悉提单的种类，会根据业务资料，缮制船东提单或货代提单；
3. 能理解场站收据各联的作用，并根据业务信息制作装货单；
4. 能根据业务资料制作集装箱装箱单，并根据业务进程进行流转；
5. 能严格遵守货运代理企业的作业规范，养成认真、严谨的工作习惯，及时准确地完成单证的制作。

海运单证是货物由发货人托运开始至收货人提取货物为止，明确承运人与托运人的权利与义务的重要文件之一，也是提取货物和收付货款的凭证。

 教学活动　海运托运单的制作与流转

【任务背景】

日前，上海现代货运代理公司业务员马林接到客户上海庆锋纺织厂委托，向中外运上海公司填开海运托运单。马林整理了信用证、合同、商业发票及相关货物明细如下：

CREDIT NUMBER：SK/25067/20××
DATE OF ISSUE：SEP. 27，20××
EXPIRY DATE：DATE ××1227
PLACE：CHINA
APPLICANT：AHARAJA DEIRA，ITALY
　　　　　P. O. BOX NO. 6000，

GENOA, FAX NO. 29600
BENEFICIARY: SHANGHAI QINGFENG TEXTILES COMPANY
　　　　　　NO. 28,1550LANE BEIDI ROAD, CHANGNING DISTRICT, SHANGHAI, CHINA
AMOUNT: USD 125000.00
PATRIAL SHIPMENTS: ALLOWED
TRANSSHIPMENT: ALLOWED
SHIPMENT PERIOD: AT THE LASTEST DEC. 27,20××
DESCRIPTION OF GOODS: 5000 DOZ NYLON FABRIC
　　　　　　　　　　　　CIF GENOA USD 25.00/ DOZ
　　　　　　　　　　　　ALL DETAILS ARE AS PER S/C NO. 20××/2506
　　　　　　　　　　　　PACKING 10 DOZ / CTN
SHIPPING MARKS: AHARAJA/ GD20××/ GENOA/NO. 1-500
DOCUMENTS REQUIRED: *FULL SET OF CLEAN ON BOARD OCEAN BILLS OF LADING MADE OUT TO THE ORDER OF HABIB BANK GENOA ITALY. AND NOTIFY APPLICANT, SHOWING "FREIGHT PREPAID" MENTIONING L/C NO.
ADDITIONAL CONDITION: SHIPMENT TO BE EFFECTED BY 1×20′ CONTAINER (FCL)

发票号码	GD20××	托运日期	DEC. 2,20××
毛重	15 KGS/CTN	净重	13 KGS/CTN
尺码	45×20×50 CBM/CTN	货物堆放地点	上海市逸仙路100号

Words

1. Credit Number　信用证号
2. Date of Issue　开证日期
3. Expiry Date　信用证有效期
4. Applicant　开证申请人
5. Beneficiary　受益人
6. Amount　总金额
7. Port of Loading　装运港
8. Port of Discharge　卸货港
9. Partial Shipments　分批装运
10. Allowed　允许
11. S/C NO.　合同号
12. Transshipment　转运
13. Shipment Period　装运期
14. Description of Goods　货物描述
15. Shipping Marks　唛头
16. Documents Required　随附单据
17. Additional Condition　附加条件
18. Vessel　船名
19. D/R　场站收据
20. CTN　纸箱　CARTON
21. FCL　整箱货　FULL CONTAINER LOAD
　　LCL　拼箱货　LESS THAN CONTAINER LOAD

22. CY　集装箱堆场　CONTAINER YARD
    CFS　集装箱货运站　CONTAINER FREIGHT STATION

【任务要求】

请以上海现代货运代理公司业务员马林的身份制作海运托运单。

【任务分析】

海运出口托运单(Booking Note of Export Cargo)是出口商(发货人/托运人)在报关前向船方或其代理人(承运人)申请租船订舱的一种表单。表单上列有填制货运单所需要的各项内容,包括:托运人、目的港、标记及号码、件数、货名、毛净重、尺码、可否转运、可否分批、配货要求等。

托运单通常一式十联,第一联由船务代理公司留存。第二、三联是运输通知,其中一联向出口单位收取运费,另一联外代(或外运)留底。第四联装货单(Shipping Order, S/O)也称关单,须经船代理盖章才有效。海关完成验关手续后,在装货单上加盖海关放行章,船方才能收货装船,并在收货后留存。第五联收货单(Mates Receipt)亦称大副收据。它与装货单内容相同,在货运单证流转过程中同时流转,直到装货完毕后才分开留存。收货单经船方大副签收后交给货方,据此向船代理换取装船提单。如果大副在此单上批注货物包装不良、有残损等事项,这些批注将全部转移到提单上,使之成为不清洁提单。不清洁提单将不被银行接受,因此,按惯例货方只能出具保函,请船代理签发清洁提单而承担其可能产生一切争议的后果。第六联外运留底。第七联配舱回单。外运公司订好舱,将船名、关单号填入后退回出口公司。出口公司凭此制作船卡,缮制提单预送外代(外运)公司。一旦货装上船,大副收据签发后,外代(外运)即签发正本提单,供结汇使用。第八联是缴纳出口货物港务费申请书。在货物进栈时作码头存仓记录,货物上船后即凭此收取港务费用。此外另附空白格式的两联,由码头作桩脚标记和码头仓库存查之用。

【任务实施】

步骤一　接受货主询价

上海现代货运代理公司接到客户上海庆锋纺织厂委托,首先要详细了解客户的出货数量、货物重量、货名、需要哪种级别的船公司,还必须了解公司运价、优势航线、报关、商检等收费标准,然后根据客户需求准确报价。

步骤二　确定运价

双方在合作前必须根据运价表书面确定运价,包括所有运杂费、运输条款、付款事项等。

步骤三　接受货物托运

双方确定好合作关系后,必须要求客户上海庆锋纺织厂发送货运委托单,并加盖公章。

步骤四　回传订舱确认

货代收到订舱确认后,立刻向船公司订舱,船公司将在开船前7天发放订舱确认书以证明船公司向客户预留了舱位。

> **小贴士**
>
> 在实际操作过程中,特别是旺季爆舱期间,也会遇到舱位过分紧张而不能上船的情况,称之为"甩柜",船公司将不负任何责任。

业务员马林立即根据客户要求和相关资料向中外运上海公司订舱，缮制出口托运单如表3-1所示。

表 3-1

海运出口托运单

托运人 SHIPPER: SHANGHAI QINGFENG TEXTILES COMPANY
NO. 28, 1550 LANE BEIDI ROAD, CHANGNING DISTRICT, SHANGHAI, CHINA

编号 NO.: _____ **船名 S/S**: _____

目的港 FOR: GENOA

标记及号码 Marks & No. AHARAJA GD2014 DUBAI NO. 1–500	件数 Quantity 500CTNS	货名 Description of Goods NYLON FABRIC	重量（千克） Weight（kilos）	
共计件数（大写） Total Number of Packages (IN WORDS) SAY FIVE HUNDRED CARTONS ONLY.			净重 Net 6500 KGS	毛重 Gross 7500 KGS
			运费付费方式 Method of Freight Payment FREIGHT PREPAID	
运费计算 Freight		尺码 Measurement	22.5 CBM	
备注 Remarks	1. 配1×20′集装箱(FCL)，并标出集装箱号码 2. 提单须标明信用证号码			
通知 Order of	HABIB BANK GENOA ITALY	可否转船 Whether transshipment allowed	YES	可否分批 Whether partial shipment allowed	YES
收货人 Notice	AHARAJA DEIRA, ITALY P.O. BOX NO. 6000, GENOA, FAX NO. 29600	装船期限 Period of shipment	AT THE LASTEST DEC. 27, 20××	结汇期限 Period of validity	DEC. 27, 20××
		金额 Amount	CIF GENOA USD 125000.00	提单张数 No. of B/L	3
配货要求 Receive		银行编号 Bank No.		信用证号 L/C No.	SK/25067/20××

此处需注意信用证对单据的特殊要求

出口托运单填制说明：

① 备注(Remarks)：填写时需理解信用证"Documents Required"的内容：全套清洁已装船，提单抬头人即收货人需听 Habib Bank Genoa Italy 指示，并通知开证申请人。提单上需加注"运费预付"和信用证号码。此外，在"Additional Condition"中指出该批货物整装在一个 20 英尺的集装箱内。

② 通知(Order of)：填写依据是"Documents Required"中 made out to the order of Habib Bank Genoa Italy。

③ 收货人(Notice)：填写依据是"Documents Required"中 notify applicant 通知开证申请人。

④ 装船期限(Period of shipment)：在信用证支付条件下，装运期是最重要的期限之一，要求严格遵守。装运期的表示可以全部使用阿拉伯数字，也可以使用英文与阿拉伯数字一起表示。装运期还可以表示为一段时间。如：AT THE LASTEST DEC. 27，2024。

⑤ 结汇期限/期满日(Period of validity)：指信用证的期满日或信用证有效期。

在信用证支付条件下，有效期和装运期有着较密切的关系，因此这两个项目往往出现在同一张单据中，以引起各环节经办人员的高度重视和严格执行。这一栏目的填写一般应按信用证规定，但如果信用证上装运期没有填，这一栏也可相应留空。原因主要是托运时间距离装运期限、信用证期满日很长。如果填写了，船方可能认为可以不立即安排装运，从而使托运人原定及早装运的目的落空。

> **小贴士**
>
> 集装箱货物托运单（见表 3-2）的缮制与海运出口托运单的缮制基本相同。只是增加了托运货物的交接方式，如：CY—CY、CFS—CFS 等和集装箱货物的种类，如：普通、冷藏、液体等。

表 3-2

Shipper(发货人) SHANGHAI QINGFENG TEXTILES COMPANY NO. 28, 1550LANE BEIDI ROAD, CHANGNING DISTRICT, SHANGHAI, CHINA	D/R No.(编号)
Consignee(收货人) TO ORDER OF HABIB BANK, GENOA, ITALY	
Notify Party(通知人) AHARAJA DEIRA, ITALY P. O. BOX NO. 6000, GENOA, FAX NO. 29600	集装箱货物托运单 货主留底
Pre-carriage by (前程运输) Place of Receipt (收货地点)	
Ocean Vessel (船名) Voy No. (航次) Port of Loading (装货港) SHANGHAI	

续表

Port of Discharge(卸货港) Place of Delivery(交货地点) Final Destination(目的地) GENOA					
Container No. (集装箱号)	Seal No.（封志号）Marks & No. (标记与号码) AHARAJA GD2014 DUBAI NO.1-500	No. of containers Or P'kgs (箱数或件数) 500 CTNS	Kind of Packages & Description of Goods（包装种类与货名） NYLON FABRIC	Gross Weight (毛重/千克) 7500 KGS	Measurement (尺码/立方米) 22.5 CBM
Total Number of containers or Packages (IN WORDS)集装箱数或件数合计(大写)	SAY ONE CONTAINER ONLY				
Freight & Charges (运费与附加费) FREIGHT PREPAID	Revenue Tons (运费吨)	Rate(运费率)	Per（每）	Prepaid (运费预付)	Collect（到付）
Ex Rate (兑换率)	Prepaid at（预付地点）		Payable at（到付地点）	Place of Issue（签发地点） SHANGHAI	
^	Total Prepaid（预付总额）		No. of Original B(s)/L (正本提单份数)	3	
Service Type on Receiving ☑—CY ☐—CFS ☐—DOOR	Service Type on Delivery ☑—CY ☐—CFS ☐—DOOR		Reefer-Temperature Required (冷藏温度)	F	C
Type of Goods (种类)	☑Ordinary（普通） ☐Reefer（冷藏） ☐Dangerous（危险品） ☐Auto （裸装车辆） ☐Liquid（液体） ☐Live Animal （活动物） ☐Bulk（散货） ☐_____				危险品	Class： Property： IMDG Code Page： UN No.
可否转船 ALLOWED	可否分批 ALLOWED				
装期 DEC.27,20××	有效期 DEC.27,20××				
金额					
制单日期 DEC.2,20××					

集装箱货物托运单的流转程序：

① 托运人填写托运单，留下货主留存联。

②外轮代理公司加注编号和所配船名。
③海关审核认可后,加盖海关放行章。
④货代理安排将集装箱号、封箱号、件数填入托运单,在集装箱进入指定的港区、场站完毕后,在24小时内交场站签收。
⑤场站的业务员在集装箱进场后,加批实际收箱数并签收。
⑥场站业务员在装船前24小时分批送外轮理货员,理货员于装船时交大副。第一联收据由场站业务员交还托运人,作为向外轮代理公司换取收货待运提单的凭证,或装船后换取装船提单。

散装海运托运单

散装海运托运单是散装货物在托运时所需装货单(S/O)和收货单(M/R)的基础上发展出来的一种综合单据。

一套完整的散装海运托运单共有十二联。第一联:外轮代理公司留存;第二、三联:船代理收取运费用联和船代理留底联;第四联:装货单(S/O);第五联:收货单即大副收据(M/R);第六联:货运代理留底;第七、八联:用于货运代理配船留存和货运代理配船后退给货主;第九联:货主留底;第十联:港务部留存,用于收取港务费;第十一、十二联:备用联(为空白)。其中S/O和M/R是最重要的两联。

【任务小结】

海运出口托运单是货物托运订舱的凭证;是承运人接受订舱、安排运输、组织装运、转运、联运等作业的书面依据;是缮制、签发提运单的原始依据;是托运人与承运人之间运输契约的书面记录;是出口货物报关的货运单据。如果托运单缮制有差错或延误等,就会影响到其他单证的流转。因此,正确、快速地制单,才能保证安全收汇。

 体验活动　制作海运托运单

【任务背景】

马林按客户上海八马茶叶有限公司要求,委托中外运上海公司出运一批铁观音,业务信息如下:
卖方:SHANGHAI EIGHT HORSE TEA CO.,LTD.
　　　1300 ZHONGSHAN ROAD, SHANGHAI, CHINA
买方:SAKURA TRADE CO.,LTD.
　　　6-7, SAKURAMACHI, OSAKA, JAPAN
　　　TEL:+81-6-5987700,FAX:+81-6-5987800
货名:TIE GUANYIN
发票金额:USD 36200.00
数量:GRADE Ⅰ 220 KGS, GRADE Ⅱ 120 KGS PACKED IN CARTONS OF FIVE KGS EACH

毛重：GRADE Ⅰ 5.8 KGS/CTN，GRADE Ⅱ 5.5 KGS/CTN
净重：GRADE Ⅰ 5 KGS/CTN，GRADE Ⅱ 5 KGS/CTN
尺码：0.2 CBM/CTN
装运港：SHANGHAI
目的港：OSAKA
单价：GRADE1 USD 110.00/KG，GRADE2 USD100.00/KG CIF OSAKA
装运期限：NOT LATER THAN NOV.30,20××
分批装运：PROHIBITED
转运：PROHIBITED
SHIPPING MARKS：N/M
DOCUMENTS REQUIRED：* FULL SET OF CHEAN ON BOARD OCEAN BILLS OF LADING MADE OUT TO THE ORDER OF SHIPPER. AND NOTIFY APPLICANT, SHOWING "FREIGHT PREPAID"

【任务要求】

请根据上述资料，以马林的身份向中外运上海公司填写海运托运单（填制表 3-3）。

表 3-3

海运出口托运单

托运人 SHIPPER				
编号 NO.		船名 S/S		
目的港 FOR				
标记及号码 Marks & No.	件数 Quantity	货名 Description of Goods	Weight (kilos) 重量（千克）	
共计件数（大写）Total Number of Packages (IN WORDS)			净重 Net	毛重 Gross
			运费付费方式 Method of Freight Payment	
运费计算 Freight		尺码 Measurement		
备注 Remarks				

续表

通知 Order of		可否转船 Whether Transshipment Allowed		可否分批 Whether Partial Shipment Allowed	
收货人 Notice		装船期限 Period of Shipment		结汇期限 Period of Validity	
		金额 Amount		提单张数 No. of B/L	
配货要求 Receive		银行编号 Bank No.		信用证号 L/C No.	

【任务评价】

评价项目	评价描述	评定结果		
		达到	基本达到	未达到
基本要求	能说集装箱货物托运的流转程序			
	能说集装箱货物托运单的流转程序			
	能按照业务要求正确填制集装箱货物托运单			
	能按照业务要求正确填制海运出口托运单			
综合要求	在完成业务操作中,评价活动的质量,在按要求填写单证内容时,注意与同学合作、交流;对自己完成任务的情况进行小结			

教学活动 海运提单的制作与流转

【任务背景】

上海老板油烟机有限公司与巴西圣木(SEMO)公司签订出口一批油烟机(2×20′GP),20××年9月8日委托上海现代货运代理公司办理出口运输业务,从上海港出发,在香港转运去巴西的桑托斯港(Santos,Brazil)。9月10日,承运人中外运上海公司确定船名航次为SENZ V. 1010。10月10日,中外运上海公司根据已装船情况,为上海现代货运代理公司签发Master B/L(船东提单)。收到Master B/L后,上海现代货运代理公司要求马林为客户上海老板油烟机有限公司签发货代提单House B/L。

> **小知识**
>
> **船东提单**
>
> 提单按签发人的不同可分为船东提单和无船承运人提单。船东提单（Master B/L），又称班轮公司提单（Ocean B/L），是在班轮运输中，由船公司或其代理人作为承运人直接签发给托运人的海运提单，俗称总提单。

【任务要求】

请为上海老板油烟机有限公司签发货代提单 House B/L。

【任务分析】

货代提单（House Bill of Lading/NVOCC Bill of Lading，即 House B/L 或 HB/L），是指无船承运人或货运代理人以承运人的身份向托运人签发的提单，又称为子提单。虽然无船承运人或货运代理人自己不拥有船舶，但是对实际托运人来说是承运人，并承担承运人的责任，也享有承运人的权利和义务。货代提单的流转如图 3-1 所示。

图 3-1　货代提单流转示意图

【任务实施】

步骤一　向船公司订舱

上海现代货运代理公司接到客户上海老板油烟机有限公司委托，首先要详细了解客户的货种、出货数量、货物重量等，合理组合成若干集装箱后向中外运上海公司订舱。

步骤二　缮制托运单

每批货物各缮制一套托运单。

步骤三　签发货代提单

货物出运后，按船东提单（Master B/L）再签发货代提单（House B/L）。

> **小贴士**
>
> 货物在出运后开船前，货主应及时提供装载资料给货运代理公司，主要依据是装箱单和发票内容。货运代理公司根据货主提供的提单资料缮制货代提单，审单无误后要求货主签字确认。

步骤四　提货

将 Master B/L 正本和 House B/L 副本寄至目的港。目的港代理凭正本 Master B/L 将集装箱提取到自己的货运站，由目的港代理 Santos International Freight Forwarders 拆分后通知收货人巴西圣木（SEMO）公司。

马林整理客户提供的相关资料如下：

SHANGHAI BOSS RANGEHOOD CO.,LTD.
PACKING LIST

ADDRESS:16 YISHAN ROAD, SHANGHAI, CHINA   FAX:+86-21-52760196
TO:SEMO LIMITED   INV NO. 1409GTB
  63 AGHIOU DIMITRION   DATE:AUG. 30,20××
  SANTOS,BRAZIL   L/C NO. HBL/20××901
TEL:+55-13-0498653   CIF SANTOS
FAX:+55-13-0596893

FROM SHANGHAI TO SANTOS VIA HONGKONG

Marks & Nos	Quantity and Description	G. W.	MEAS
SEMO 1023 SANTOS	RANGEHOOD BOSS BRAND ART NO. 3124AB 400CTNS ART NO. 3125HB 450CTNS 2×20′TEXU5496546, TEXU0729868 SEAL CN9660882, CN9660883	8100 KGS 8120 KGS	28.4 CBM 31.95 CBM
Total		16220 KGS	60.35 CBM

Words

1. Packing list 装箱单
2. INV NO. 发票号
3. L/C NO. 信用证号
4. VIA 途径
5. Description and Quantity 货物描述及数量
6. G. W. (Gross Weight) 毛重   N. W. (Net Weight) 净重
7. MEAS (Measurement) 体积、尺寸
8. ART NO. 货号
9. SEAL NO. 集装箱封志号

马林根据客户提供的资料缮制 House B/L,副本如表 3-4 所示。

表 3-4

HOUSE B/L(副本)

Consignor SHANGHAI BOSS RANGEHOOD CO., LTD. 16 YISHAN ROAD, SHANGHAI, CHINA	COPY FCR NO.:

续表

注意 H B/L 中 Consignee 及 Notify Address 的写法

Consignee SEMO LIMITED 63 AGHIOU DIMITRION, SANTOS, BRAZIL TEL: +55-13-0498653 FAX: +55-13-0596893		Also Notify	
Notify Address SAME AS CONSIGNEE		Country Whence Consigned P. R. CHINA	Date of Issue SEP. 8, 20××
Vessel: SENZ Voyage: 1010 Carrier: SINOTRANS SHANGHAI COMPANY Port of Loading: SHANGHAI Port of Discharge: SANTOS VIA HONGKONG		Country of Origin P. R. CHINA	Country of Destination BRAZIL
			Terms of Delivery and Payment CIF SANTOS FREIGHT PREPAID	
Description of Goods				
Marks and Numbers	NO. of PKGS	Particular Funnished by Shipper	G. W.	MEAS
SEMO 1023 SANTOS CONTAINER: TEXU5496546-20GP SEAL NO. CN9660882 CONTAINER: TEXU0729868-20GP SEAL NO. CN9660883	850 CTNS	RANGEHOOD BOSS BRAND ART NO. 3124AB 400 CTNS ART NO. 3125HB 450 CTNS VESSEL ON BOARD DATE: SEP. 8, 20××	16220 KGS	60.35 CBM
TOTAL: 2×20'GP CONTAINERS ONLY				

Words

1. Consignor 托运人
2. Consignee 收货人
3. Notify address 被通知人
4. Country whence consigned 委托国
5. Voyage 航次
6. Carrier 承运人
7. Country of Origin 原产国
8. Country of Destination 目的国
9. Terms of delivery and payment 交货条件,支付方式
10. NO. OF PKGS 包装件数
11. Particular Funnished by Shipper 托运人特别指示

House B/L 填制说明:

① 托运人(Consignor):即与承运人签订运输契约、委托运输的货主,也是发货人。在信用证支付方式下,一般以受益人为托运人;在托收方式下,以托收的委托人为托运人。此外,除

非信用证另有规定,银行将接受表明以信用证受益人以外的第三者为发货人的运输单据。此处即为货主上海老板油烟机有限公司。

② 收货人(Consignee):收货人要按合同和信用证的规定来填写。一般的填法有下列几种:

● 记名式:在收货人一栏直接填写上指定的公司或企业名称。该种提单不能背书转让,必须由收货人栏内指定的人提货或收货人转让。

● 不记名式:即在收货人栏留空不填,或填"To Bearer"(交来人/持票人)。这种方式下,承运人交货给提单的持有人,只要持有提单就能提货。

● 指示式:即在收货人一栏填上"TO ORDER"或"ORDER OF…"。

本题中,信用证要求开出记名提单。

③ 被通知人(Notify Party)。原则上该栏一定要按信用证的规定填写。被通知人即收货人的代理人或提货人,货到目的港后,承运人凭该栏提供的内容通知其办理提货,因此,提单的被通知人一定要有详细的名称和地址,供承运人或目的港及时通知其提货。若L/C中未规定明确的地址,为保持单证一致,可在正本提单中不作列明,但要在副本提单上写明被通知人的详细地址。托收方式下的被通知人一般填托收的付款人。

④ 船名航次(Vessel Voyage):即由承运人配载的装货的船名,班轮运输时需多加注航次。

⑤ 装运港(Port of Loading):填实际装运货物的港名。L/C项下一定要符合L/C的规定和要求。如果L/C规定为"中国港口"(Chinese Port),此时不能照抄,而要按装运港的实际名称填写。

⑥ 卸货港(Port of Discharge):原则上,L/C项下提单卸货港一定要按L/C规定办理。但若L/C规定有两个以上港口的,或笼统表述为"××主要港口",如:"European Main Ports"(欧洲主要港口)时,只能选择其中之一或填明具体的卸货港名称。

如果L/C规定卸货港名后有"In Transit to ××",只能在提单的托运人声明栏或唛头下方空白处加列。尤其我国只负责到卸货港而不负责转运者,不能在卸货港后加填,以说明卖方只负责到卸货港,以后再转运到何地由买方负责。另外,对于美国和加拿大O.C.P(Overland Common Points)地区的出口时,卸货港名后常加注"O.C.P××"。例如,L/C规定:"Los Angeles O.C.P Chicago",可在提单目的港填制:Los Angeles O.C.P;如果要求注明最后装运的城市名称时,可在提单的空白处和唛头下加注"O.C.P. Chicago",以便转运公司办理转运至"Chicago"。

⑦ 唛头(Marks & Nos.):如果信用证有明确规定,则按信用证缮制;信用证没有规定,则按买卖双方的约定,或由卖方决定缮制,并注意做到单单一致。另外,此栏空白处可填写集装箱号码和封志号等。

⑧ 包装与件数(No. of Packages):一般散装货物该栏只填"In Bulk",大写件数栏可留空不填。单位件数与包装都要与实际货物相符,并在大写合计数内填写英文大写文字数目。例如,在该栏项下填写总件数320 CARTONS,然后在总件数大写栏(Total numbers of Packages〈IN WORDS〉)填写 THREE HUNDRED AND TWENTY CARTONS ONLY。如果货物包括两种以上不同包装单位(如:纸箱、铁桶),应分别填列不同包装单位的数量,然后再标示件数。如:300 CARTONS; 400 IRON DRUMS; 700 PACKAGES。

⑨ 商品名称(描述)(Description of Goods):原则上提单上的商品描述应按信用证规定填

写并与发票等其他单据相一致。但如果信用证上货物的品名较多,提单上允许使用类别总称来表示商品名称。如:出口货物有餐刀、水果刀、餐叉、餐匙等,信用证上分别列明了各种商品名称、规格和数量,但包装都用纸箱,提单上就可以笼统写:餐具××CARTONS。

⑩ 毛重和体积(Gross Weight & Measurement):除非信用证有特别规定,提单上一般只填货物的总毛重和总体积,而不标明净重和单位体积。一般重量均以千克表示,体积用立方米表示。

⑪ 签发地点与日期(Country whence consigned & Date of Issue):提单的签发地点一般在货物发运港所在地,日期则按信用证的装运期要求,一般要早于装运期或与装运期为同一天。有时由于船期不准、迟航或发货人造成迟延,使实际船期晚于规定的装期,发货人为了适应信用证规定,做到单证相符,要求船方同意以担保函换取较早或符合装运期的提单,这就是倒签提单(Ante-Dated B/L);另外,有时货未装船或未开航,发货人为及早获得全套单据进行议付,要求船方签发已装船提单,即预借提单(Advanced B/L)。这两种情况是应该避免的,如果发现问题,或被买方察觉,足以造成巨大经济损失和不良影响。

⑫ 原产国与目的国(Country of Origin & Country of Destination):按实际情况填写即可。

⑬ 交货条件与支付方式(Terms of delivery and payment):按合同或信用证填写,包括运费支付(Freight & Charges)情况。信用证项下提单的运费支付情况,按其规定填写。一般根据成交的价格条件分为两种:若在 CIF 和 CFR 条件下,则注明"Freight Prepaid"或"Freight Paid";FOB 条件下则填"Freight Collect"或"Freight Payable at Destination"。有时信用证还要求注明运费的金额,按实际运费支付额填写即可。本题交货条件为 CIF SANTOS,运费支付为 FREIGHT PREPAID。

【任务小结】

在海运国际货运代理业务中,当货物已经安全装上船后,货代操作人员还需要制作最重要的一份单证,即提单。货代提单是由货运代理自己签发的,在集装箱运输中,特别是拼箱基本上用到的都是货代提单。货代操作人员必须掌握货代提单的主要内容、缮制和流转。

 体验活动 制作海运提单

【任务背景】

上海现代货运代理公司代理浙江伯乐家具有限公司,于20××年9月2日委托中外运上海公司出运一批儿童松木床,货物在9月15日前从上海港装运出口去印尼三宝垄港,运费预付,部分缮制资料如下:

卖方:ZHEJIANG BOLE FURNITURE CO.,LTD.

No. 180 HEHU ROAD PAOJIANG INDUSTRIAL ZONE, SHAOXING, ZHEJIANG, CHINA

电话:+86-575-83312071

买方:TURUI LANGGE PT.

467 VTRA, SEMARANG, INDONESIA

电话:+62-24-78654390   传真:+62-24-78654391

规格、数量:Children's Pine Bed (完全中国生产)2150×1270×2050 MM^3 500SETS

单价:CIF SEMARANG USD1050.00/SET

包装：PACKING 1 SET/CTN
毛重：18 KGS/CTN
集装箱号：TEXU0506122 SEAL CN1396677
船名航次：GUANGHE V.101
被通知人同收货人：TURUI LANGGE PT

【任务要求】

请根据上述资料，以马林的身份为客户签发 House B/L（填制表3-5）。

表3-5

Consignor	COPY FCR NO.：	
Consignee	Also Notify	
Notify Address	Country Whence Consigned	Date of Issue
Vessel： Voyage： Carrier： Port of Loading： Port of Discharge：	Country of Origin	Country of Destination
	Terms of Delivery and Payment	
Description of Goods		
Marks and Numbers	NO. of PKGS	Particular Funnished by Shipper	G. W.	MEAS

【任务评价】

评价项目	评价描述	评定结果		
		达到	基本达到	未达到
基本要求	能区分船东提单与货代提单			
	能说出货代提单的流转程序			
	能按照业务要求正确填制货代提单			
综合要求	在完成业务操作中,评价活动的质量;在按要求填写单证内容时,注意与同学合作、交流;对自己完成任务的情况进行小结			

能力迁移　装货单的制作与流转

【任务背景】

上海老板油烟机有限公司委托上海现代货运代理公司租船订舱向巴西圣木(SEMO)公司签订出口一批油烟机。此外,上海老板油烟机有限公司提供部分资料如下:

APPLICANT: SEMO LIMITED
　　　　　　63 AGHIOU DIMITRION
　　　　　　SANTOS, BRAZIL
BENIFICARY: SHANGHAI BOSS RANGEHOOD CO., LTD.
　　　　　　16 YISHAN ROAD, SHANGHAI, CHINA
DOCUMENTS REQUIRED: * FULL SET OF CLEAN ON BOARD OCEAN BILLS OF LADING MADE OUT TO APPLICANT, AND NOTIFY APPLICANT

【任务要求】

请根据任务背景及相关资料,缮制装货单(S/O)。

【任务分析】

装货单(S/O),也称下货纸,是托运人或其代理人填制,交船公司或其代理审核签字后,据以要求船长将货物装船承运的凭证,是船公司或其代理签署的出口货运承诺书面文件。

在国际集装箱运输业务中,场站收据(装货单,S/O)是由承运人委托堆场 CY、货运站 CFS 或内陆 CFS 在收到整箱货 FCL 或拼箱货 LCL 后,签发给托运人的证明已收到托运货物并对货物开始负有责任的凭证。经承运人或其代理人签收,就表明

> **小贴士**
>
> 场站收据是一份综合性单证,它把货物托运单(订舱单)、装货单(关单)、大副收据、理货单、配舱回单、运费通知等单证汇成一份,这对于提高集装箱货物托运效率和流转速度有很大意义。

与船公司或船代达成货物运输的协议,发货人即可凭已签收的场站收据换取提单。场站收据通常设有十联,俗称十联单。货代负责十联单的第五联。此联又称场站收据副本或关单,船代在此联上加盖订舱章,表示确认发货人订舱申请;海关凭此联接受出口报关申请,经查验合格后在此联上加盖放行章。

> **小知识**
>
> **场站收据的组成情况**
>
> 场站收据是集装箱运输的重要出口单证,其组成格式不尽相同。不同港口、场站使用的也有所不同,联数有七联、十联、十二联不等。这里以十联单为例说明场站收据的组成情况:
>
> 第一联 集装箱货物托运单——货主留底,白色;
> 第二联 集装箱货物托运单——船代留底,白色;
> 第三联 运费通知(1),白色;
> 第四联 运费通知(2),白色;
> 第五联 场站收据副本——装货单(关单),白色;
> 第六联 场站收据副本——大副联,粉红色;
> 第七联 场站收据(正本联),淡黄色;
> 第八联 货代留底,白色;
> 第九联 配舱回单(1),白色;
> 第十联 配舱回单(2),白色。

【任务实施】

步骤一 申请订舱

上海现代货运代理公司接到客户上海老板油烟机有限公司委托,向中外运上海公司提出订舱申请,递交托运单(B/N)。

步骤二 确认订舱

作为托运人的代理人,上海现代货运代理公司在确认订舱后填制装货单(S/O)交船公司或其代理。船公司同意承运,其代理人核对装货单(S/O)与托运单(B/N),审核无误后将托运单留底联留下,签发装货单(S/O)给托运人,要求将货物及时送至指定的码头仓库。

步骤三 办理出口报关

托运人或其代理人持装货单(S/O)及有关单证向海关办理货物出口报关,海关在装货单(S/O)上加盖放行章后,船方凭此联才能收货装船。

马林整理相关资料,制作装货单如表3-6所示。

表 3-6

SHIPPING ORDER

SHIPPER SHANGHAI BOSS RANGEHOOD CO., LTD. 16 YISHAN ROAD, SHANGHAI, CHINA		D/R NO.	
CONSIGNEE SEMO LIMITED 63 AGHIOU DIMITRION SANTOS, BRAZIL		装货单	
NOTIFY PARTY SAME AS CONSIGNEE		场站收据副本	第五联
PRE-CARRIAGE BY	PLACE OF RECEIPT		
OCEAN VESSEL SENZ	VOY. NO. 1010	PORT OF LOADING SHANGHAI	
PORT OF DISCHARGE PLACE OF DELIVERY SANTOS VIA HONGKONG		FINAL DESTINATION FOR THE MERCHANT'S RETERENCE	

CONTAINER NO. TEXU5496546 TEXU0729868	SEAL NO. CN9660882 CN9660883	NO. OF CONTAINERS OR PKGS 850 CTNS	KIND OF PACKAGES & DESCRIPTION OF GOODS RANGEHOOD BOSS BRAND ARTNO. 3124AB ARTNO. 3125HB	GROSS WEIGHT 16220 KGS	MEASUREMENT 60.35 CBM
TOTAL NUMBER OF CONTAINERS OR PACKAGES (IN WORDS)		SAY TWO CONTAINERS ONLY			
CONTAINER NO.	SEAL NO.	PKGS		CONTAINER NO. SEAL NO. PKGS	
				RECEIVED CCCCCCCBY TERMINAL	
FREIGHT & CHARGE	PREPAID AT	PAYABLE AT		PLACE OF ISSUE	
FREIGHT PREPAID	TOTAL PREPAID	NO. OF ORIGINAL B/L THREE		SHANGHAI	

【任务小结】

装货单(S/O)各栏目由托运人用电脑或打字机录入填制以求清晰。托运人应正确、完整地填写表单各项目,尤其是货物装卸港、交接地;运输条款、运输方式、运输要求;货物详细情况,包括种类、唛头、性质、包装、标识;所需箱子的规格、种类、数量等。

 体验活动　制作装货单

【任务要求】

在"填制海运提单"体验活动的任务背景下完成装货单缮制任务(填制表 3-7)。

表 3-7

\multicolumn{5}{c}{**SHIPPING ORDER**}				
SHIPPER				D/R NO.
CONSIGNEE				装货单
NOTIFY PARTY			场站收据副本	第五联
PRE-CARRIAGE BY	PLACE OF RECEIPT			
OCEAN VESSEL	VOY. NO.		PORT OF LOADING	
PORT OF DISCHARGE	PLACE OF DELIVERY			FINAL DESTINATION FOR THE MERCHANT'S RETERENCE	
CONTAINER NO.	SEAL NO.	NO. OF CONTAINERS OR PKGS	KIND OF PACKAGES & DESCRIPTION OF GOODS	GROSS WEIGHT	MEASUREMENT
TOTAL NUMBER OF CONTAINERS OR PACKAGES (IN WORDS)	SAY _____ ONLY			
CONTAINER NO.	SEAL NO.	PKGS	CONTAINER NO. SEAL NO. PKGS	
			RECEIVED BY TERMINAL	
FREIGHT & CHARGE	PREPAID AT	PAYABLE AT	PLACE OF ISSUE	
	TOTAL PREPAID	NO. OF ORIGINAL B/L		

【任务评价】

评价项目	评价描述	评定结果		
		达到	基本达到	未达到
基本要求	能说出装货单的流转程序			
	能说出场站收据的基本构成			
	能按照业务要求正确填制装货单			
综合要求	在完成业务操作中,评价活动的质量;在按要求填写单证内容时,注意与同学合作、交流;对自己完成任务的情况进行小结			

教学活动 集装箱装箱单的制作与流转

【任务背景】

卡夫食品(苏州)有限公司向波兰出口奶酪。20××年10月22日,卡夫公司委托上海现代货运代理公司向中远集装箱运输公司(COSCO Container Lines)代为订舱。上海现代货运代理公司操作员马林订妥中远集运20××年10月30日从上海至波兰格丁尼亚(Poland Gdynia)的Lana V.103舱位。随即通知卡夫公司在10月29日中午前将货物运至上海市杨浦区逸仙路1020号仓库。马林向中远集装箱管理部门提出用箱申请,提1×20′冷藏箱(2—4摄氏度)。10月29日货物装箱后,公司要求马林及时缮制集装箱装箱单。

卖方:KRAFT FOODS(SUZHOU)CO., LTD.
　　　NO.51 BAIYU ROAD INDUSTRIAL ZONE, SUZHOU, CHINA
买方:TY MATCH COMPANY
　　　19 ORCHARD ROAD, GDYNIA, POLAND
货物描述:CHEESE CHOCOLATE PLAIN
　　　　5000PCS USD 22.50/PC USD112500.00
　　　　600PCS USD 22.00/PC USD132000.00
　　　　CIF GDYNIA
装箱情况:PACKED IN 20PCS EACH CARTON
G.W.:10 KGS/CTN　　N.W.:9.5 KGS/CTN　　MEAS:0.03CBM/CTN
B/L NO.:DSA13-10
集装箱:COSU4097560　　封号:CN84928　　集装箱皮重:2200 KGS
集卡驾驶员及车号:张枫,沪B-E8610

【任务要求】

请以马林的身份制作集装箱装箱单。

【任务分析】

集装箱装箱单(Container Load Plan,CLP)是详细记载每一个集装箱内所装货物名称、数量、尺码、重量、标志和箱内货物积载情况等内容的单据,由负责装箱的人制作。根据已装进集装箱内的货物,每个载货集装箱都要制作装箱单。

每一个集装箱填一份集装箱装箱单,总共一式五联,分别为:码头联、船代联、承运人各一联,发货人/装箱人两联。

集装箱装箱单的作用包括:作为发货人、集装箱货运站与集装箱码头堆场之间货物的交接单证;作为向船方通知集装箱内所装货物的明细表;单据上所记载的货物与集装箱的总重量是计算船舶吃水差、稳性的基本数据;在卸货地点是办理集装箱保税运输的单据之一;是卸货港集装箱货运站安排拆箱、理货的单据之一;当发生货损时,也是处理索赔事故的原始单据之一。

【任务实施】

步骤一　装箱制单

装箱人将货物装箱,缮制实际装箱单一式五联,并在装箱单上签字。

步骤二　送货至堆场

五联装箱单随同货物一起交付给拖车司机,指示司机将集装箱送至集装箱堆场,在司机接箱时应要求司机在装箱单上签字并注明拖车号。

步骤三　装箱单的流转

集装箱送至堆场后,司机应要求堆场收箱人员签字并写明收箱日期,作为集装箱已进港的凭证。堆场收箱人员留下码头联、船代联和承运人联(码头联用以编制装船计划,船代联和承运人联分送给船代和承运人用以缮制积载计划和处理货运事故),并将发货人/装箱人联退还给发货人或货运站。

步骤四　寄单给收货人或卸箱货运站

发货人或货运站除自留一份发货人/装箱人联备查外,将另一份寄交给收货人或卸箱港的集装箱货运站,供拆箱时使用。

> **小贴士**
>
> 装箱后,实际装箱数量、件数、毛重、尺码等发生溢短时,除在随车的装箱单上更正外,还必须以最快的速度将详情告知货主,以便向其他有关单位办理更改手续。

装箱后,操作员马林缮制集装箱装箱单如表3-8所示。

集装箱装箱单填制说明:

① 装港:本次运输船运的出发港,用英文大写填写。

② 卸港:本次运输船运的最终目的港,用英文大写填写,如:温哥华,直接填写VANCOUVER。

③ 提单号:根据订舱确认单、提箱单、报关单等单据填写实际提单号码。

④ 件数及包装:填写本批货物运输的实际包装件数及种类。

⑤ 毛重:填写出运货品总毛重。填写时,若表头处有单位,则此处只填写重量数;若表头处无单位,则此处需填写重量数和单位。

⑥ 尺码:填写出运货物的总体积,若表单表头处有体积单位,则此处只填写体积数;若表头处无体积单位,则此处需填写体积数和单位。

⑦ 货名:集装箱内所装货物名称,按照销售确认书填写商品的中文名称,例如,出口商品为管件,则在此处直接填写"管件"。

⑧ 唛头:填与货物外包装上的运输标记。按提单、保管发票、装箱单、报关单上的内容填写,应与提单上所记载的标记一致,特别要与刷在货物外包装上的实际标记符号相同。

表 3-8

Reefer Temperataure Required 温度要求 2~4℃			CONTAINER LOAD PLAN 装 箱 单				Shipping Agent Copy 船代联
Class 等级	IDG Page 危险页码	UN NO. 联合国编号	Flashpoint 闪点				SHIPPERS PACKERS DECLARATIONS: We hereby declare that the container has been thoroughly cleaned without any evidence of cargoes of previous shipment prior to vanning andcargoes has been properly stuffed and secred.
Ship's Name/Voy No. 船名/航次 ⑨ Lana V. 103			Port of Loading 装港 ① SHANGHAI	Port of Discharge 卸港 ② GDYNIA	Place of Delivery 交货地	Measurements 尺码 ⑥	Description of Goods 货名 ⑦	Marks & Numbers 唛头 ⑧
Container No. 箱号 ⑩ COSU4097560			B/L No. 提单号 ③ DSA 13-10	Packages & Packing 件数与包装 ④ 280CTNS	Gross Weight 毛重 ⑤ 2800KGS	8.4CBM	CHEESE CHOCOLATE PLAIN	N/M
Seals No. 封号 ⑪ CN84928								
Cont Size 箱型 20' 40' 45'	Cont Type 箱类 GP=普通箱 TK=油罐箱 RF=冷藏箱 PF=平板箱 OT=开顶箱 HC=高箱 FR=框架箱 HT=挂衣箱							
ISO Code For Container Size/Type 箱型/箱类 ISO 标准代码 ⑫ 20/RF								
Packer's Name/Address 装箱人名称/地址 ⑬ 上海现代货运代理公司/上海市杨浦区逸仙路100号 Tel No. 电话号码				Received by Drayman 驾驶员签收及车牌号 ⑮ 张枫 沪B-E3610	Total Packages ⑯ 总件数 280CTNS	Total Meas 总尺码 8.4CBM	Remarks,备注	
Packing Date 装箱日期 ⑭ 20××.10.29				Received by Terminals & Date of Receipt 码头收箱签收和收箱日期		Cont Tare WT 集装箱皮重 2200KGS	Total Cargo WT 总货重 2800KGS	Cgo/Cont Total WT 货/箱总重量 5000KGS
Packed by 装箱人签名 马林								

本次出口货物奶酪属新鲜易变质食品, 需冷藏保鲜, 要注明对箱内温度的要求。

⑨船名、航次:此处可依据报关单、订舱确认书、配舱回单等单据直接填写订舱确认后的船名、航次。

⑩箱号:车队到堆场提空后,将集装箱号填写在装箱单上;填写实际集装箱号即可。

⑪铅封号:集装箱的铅封号由车队填写,与集装箱号码是一一对应的关系;直接填写即可。

⑫箱型/箱类ISO标准代码:直接填写装运本批货物的集装箱类型。

⑬装箱人名称/地址:实际的装箱人名和货物装箱地点。如果是在工厂装箱就直接写工厂名称;如果是在堆场就写堆场名称。

⑭装箱日期:按照系统提示选择日期。

⑮驾驶员签收及车号:按照实际情况填写。

⑯总件数:填写出运商品包装件的总数。

【任务小结】

集装箱装箱单是集装箱运输的辅助货物舱单,其内容记载准确与否,与集装箱货物运输的安全有着非常密切的关系。

体验活动　制作集装箱装箱单

【任务背景】

20××年9月8日南通大通电梯有限公司(NANTONG DATONG ELEVATOR CO., LTD.)与俄罗斯MAKAMALU公司签订合同,出口汽车电梯,由上海现代货运代理公司向中远集装箱运输公司代为订舱,并于9月15日装箱。

卖方:NANTONG DATONG ELEVATOR CO., LTD.

　　　NO. 188 YONGTONG ROAD, NANTONG, JIANGSU, CHINA

买方:MAKAMALU

　　　377 PETER AVENUE, HAISHENWAI, RUSSIA

TEL:+7-423-08768876　　　FAX:+7-423-08768877

货物描述:CAR ELEVATOR 5SETS USD23684.5/SET　　FOB SHANGHAI

装箱情况:ONE SET EACH CARTON

G.W.:1010 KGS/SET　　N.W.:1000 KGS/SET　　MEAS:2.4 CBM/SET

装运港:SHANGHAI　　　卸货港:VLADIVOSTOK

船名航次:QUEEN V.098

提单号.:HCBB6556

集装箱:1×20′GP COSU9637660　封号:56895　集装箱皮重:2200 KGS

唛头:MAKAMALU

　　　S/C NO. 130908

　　　C/N 1-UP

【任务要求】

请根据上述资料缮制集装箱装箱单(填制表3-9)。

表3-9

CONTAINER LOAD PLAN
装 箱 单

Shipping Agent Copy 船代联

Reefer Temperataure Required 温度要求						
Class 等级	IDG Page 危险页码	UN NO. 联合国编号	Flashpoint 闪点			
Ship's Name/Voy No. 船名/航次				Port of Loading 装港	Port of Discharge 卸港	Place of Delivery 交货地
						SHIPPERS PACKERS DECLARATIONS: We hereby declare that the container has been thoroughly cleaned without any evidence of cargoes of previous shipment prior to vanning and cargoes has been property stuffed and secred
Container No. 箱号				B/L No. 提单号	Packages & Packing 件数与包装	Gross Weight 毛重	Measurements 尺码	Description of Goods 货名	Marks & Numbers 唛头
Seals No. 封号									
Cont Size 箱型 20'40'45'	Cont Type 箱类 GP=普通箱 TK=油罐箱 RF=冷藏箱 PF=平板箱 OT=开顶箱 HC=高箱 FR=框架箱 HT=挂衣箱								
ISO Code For Container Size/Type 箱型/箱表ISO标准代码									
Packer's Name/Address 装箱人名称和地址									
Tel No. 电话号码									
Packing Date 装箱日期				Received by Drayman 驾驶员签收及车牌号	Total Packages 总件数	Total Cargo WT 总货重	Total Meas 总尺码	Remarks:备注	
Packed by 装箱人签名				Received by Terminals & Date of Receipt 码头收箱签收和收箱日期		Cont Tare WT 集装箱皮重	Cgo/Cont Total WT 货/箱 总量		

【任务评价】

评价项目	评价描述	评定结果		
		达到	基本达到	未达到
基本要求	能说出集装箱装箱的业务流程			
	能说出集装箱装箱单的流转程序			
	能按照业务要求正确填制集装箱装箱单			
综合要求	在完成业务操作中,评价活动的质量;在按要求填写单证内容时,注意与同学合作、交流;对自己完成任务的情况进行小结			

任务二　航空运输单证的制作

【学习目标】

1. 能理解航空运单的作用,了解空运出口货物托运的流程;
2. 能理解航空主运单的含义,并根据托运书等业务资料制作航空主运单;
3. 能理解航空分运单的含义,并根据托运书等业务资料制作航空分运单;
4. 能理解航空运费的计算规则,会计算航空运费;
5. 能严格遵守货运代理企业的作业规范,养成认真、严谨的工作习惯,及时准确地完成单证的制作。

国际航空运输是使用飞机、直升机及其他航空器运送人员、货物、邮件的一种运输方式,是国际贸易中的贵重物品、鲜活货物和精密仪器运输中不可或缺的。托运人托运货物应向承运人填交货物运输单,并根据国家主管部门规定随附必要的有效证明文件。托运人应对运输单填写内容的真实性和正确性负责。托运人填交的货物运输单经承运人接受,并由承运人填发航空货运单后,航空货物运输合同即告成立。

教学活动　航空运单的制作与流转

【任务背景】

20××年7月11日宜兴新兴化工陶瓷有限公司与新加坡海外贸易有限公司签订合同出口紫砂壶800件。随即宜兴新兴化工陶瓷有限公司与上海现代货运代理公司就航空货运代理事宜达成协议,马林从发货人处接过出口所需的单证、货物向航空公司订舱,由航空公司直接运输。公司要求马林代为填写航空运单。单证资料如下:

APPLICANT: OVERSEAS TRADING CO., LTD.
　　　　　NO. 333 SULTAN PLAZA SINGAPORE

TEL：+65-63746787　FAX：+65-63746788
BENEFICIARY：YIXING XINXING CHEMICAL CERAMIC CO.，LTD.
　　　　　　BUILDING A CERAMIC MARKET，WUXI，CHINA
LOADING IN CHARGE：SHANGHAI
FOR TRANSPORT TO：SINGAPORE
DESCRIPTION OF GOODS：800PCS OF PURPLE CLAY TEAPOTS AS PER S/C
NO. 20××YS DD JULY 11，20××　TOTAL AMT USD18800.00
DOCUMENTS REQUIRED：CLEAN AWB FOR GOODS AIR FREIGHTED TO
OVERSEAS TRADING CO.，LTD. NO. 333 SULTAN PLAZA SINGAPORE MARKED
FREIGHT PREPAID，NOTIFY APPLICANT

航空运单填开日期：20××年8月11日　　填开地点：上海
始发站：上海　　　　　　　　　　　　货物装箱情况：800PCS/40CTNS
毛重：10 KGS/400 KGS　　　　　　　　尺寸：30×40×40 CBM/CTN
唛头：OTC/SINGAPORE/NO. 1-40　　　计费重量：400 KGS
航班号及日期：CA921/16，AUG. 11，20××
航空运单号码：999-80693231
空运单注明没有声明价值和商业价值。

【任务要求】

请以上海现代货运代理公司业务员马林的身份填写航空货运单。

小贴士

代理人制单

根据《统一国际航空运输某些规则的公约》(简称《华沙公约》)第6条第(1)款和第(5)款规定,航空货运单应当由托运人填写,承运人根据托运人的要求填写航空货运单的,在没有相关证据的情况下,应当视为是代替委托人填写的。航空公司或其代理人根据托运人的托运书或委托书代替托运人填写航空货运单。在这种情况下,对于代理人来说,它既是托运人的代理人又是有关航空公司的指定代理人(或称授权代理人)。

【任务分析】

航空货运单(Air Waybill，AWB)是航空货物运输合同订立、运输条件以及承运人接收货物的初步证据,对承托双方均具有约束力。托运人托运航空货物必须填写航空货运单,航空公司承运货物必须出具航空货运单。其主要内容包括货物托运人、承运人、承运方式、始发地、目的地、运费及结算方式等。

上海现代货运代理公司根据托运人宜兴新兴化工陶瓷有限公司的请求,接收货物并填写航空货运单。航空货运单正本一式三份,第一份注明"交承运人",由托运人签字、盖章;第二份注明"交收货人",由托运人和承运人签字、盖章;第三份由承运人在接收货物后签字、盖章,交给托运人。

根据签发人的不同,航空运单可以分两类:

航空主运单(Master Air Waybill,MAWB):凡由航空运输公司签发的航空运单就称为主运单。它是航空运输公司办理货物运输和交付的依据,是航空公司和托运人订立的运输合同,每一批航空运输的货物都有自己相对应的航空主运单。

航空分运单(House Air Waybill,HAWB):即集中托运人在办理集中托运业务时签发的航空运单。在集中托运的情况下,除了航空运输公司签发主运单外,集中托运人还要签发航空分运单。

集中托运

集中托运是指集中托运人(Consolidator)将若干批单独发运的货物组成一整批,向航空公司办理托运,采用一份航空总运单集中发运到同一目的站,由集中托运人在目的地指定的代理人收货,再根据集中托运人签发的航空分运单分拨给各实际收货人的运输方式,也是航空货物运输中开展最为普遍的一种运输方式,是航空货运代理的主要业务之一。

【任务实施】

步骤一 接受委托

航空出口货物的发货人一般都委托航空货运代理公司办理货物出口业务。发货人首先要填写由代理公司提供的国际货物委托书(Shipper's Letter of Instruction,SLI)。经签字、盖章,国际货物委托书可作为货主委托货代公司办理航空货物出口运输的依据,连同相关单证、资料一并交给航空货代办理订舱托运手续。

步骤二 审单、订舱

在接受托运人委托后,货代公司通常会指定专人对托运书进行审核确认。货代汇总按照所接受的委托和客户的预报,根据各航空公司不同机型的要求,制定预配舱方案,并对每批货配上运单号。代理人按预配舱方案,向航空公司预订舱。在接到发货人的发货预报后,代理人向航空公司领取并填写订舱单。订舱完毕后,航空公司签发舱位确认书,表示舱位订妥,货代公司应及时通知发货人备单备货。

步骤三 接单接货

货代从发货人手中接过货物出口所需的一切单证,包括已审核确认的托运书、报关单证、收货凭证等,将收货记录与收货凭证核对,然后制作操作交接单,需填写各种单证数份,并给每份交接单配一份总运单或分运单。

货代把即将发运的货物从发货人手中接过来运送到机场。接货时应过磅和丈量货物,并根据发票、装箱单或送货单清点货物,核对货物的品名、数量、唛头、合同号等是否与航空货运单上一致。

步骤四 制单

填制航空运单,是空运出口中最重要的环节,由航空公司代理人根据托运书填写。

对于该批直接运输的货物,马林填开航空公司运单如表3-10所示。

表 3-10

999-80693231	
Shipper's Name and Address YIXING XINXING CHEMICAL CERAMIC CO., LTD. BUILDING A CERAMIC MARKET WUXI, CHINA	NOT NEGOTIABLE Air Waybill　　中国国际航空公司 Issued by　　AIR CHINA
Consignee's Name and Address OVERSEAS TRADING CO., LTD. NO. 333 SULTAN PLAZA, SINGAPORE TEL: +65-63746787　FAX: +65-63746788	It is agreed that the goods described herein are accepted in apparent good order and condition (except as noted) for carriage SUBJECT TO THE CONDITIONS OF CONTRACT ON THE REVERSE HEREOF, ALL GOODS MAY BE CARRIED BY ANY OTHER MEANS. INCLUDING ROAD OR ANY OTHER CARRIER UNLESS SPECIFIC CONTRARY INSTRUCTIONS ARE GIVEN HEREON BY THE SHIPPER. THE SHIPPER'S ATTENTION IS DRAWN TO THE NOTICE CONCERNING CARRIER'S LIMITATION OF LIABILITY.
Issuing Carrier's Agent Name and City XIANDAI CARGO, SHANGHAI	
Agents IATA Code　　　Account No.	Shipper may increase such limitation of liability by declaring a higher value of carriage and paying a supplemental charge if required.
Airport of Departure (Add. of First Carrier) and Requested Routing PUDONG INTERNATIONAL AIRPORT	Accounting Information FREIGHT PREPAID NOTIFY OVERSEAS TRADING CO., LTD. NO. 333 SULTAN PLAZA, SINGAPORE

To SIN	By first carrier CA921/16	To	By	To	By	Currency CNY	WT/VAL		Declared Value for Carriage	Declared Value for Customs
							PP ×	CC	NVD	NCV

Airport of Destination SINGAPORE	Flight/Date CA921/16, AUG. 11, 20××	Amount of Insurance NIL	INSURANCE-If carrier offers insurance and such insurance is requested in accordance with the conditions thereof indicate amount to be insured in figures in box marked "Amount of Insurance"

Handling Information
MARKS: OTC/SINGAPORE/NO. 1-40

No. of Pieces	Gross Weight	Kg/Lb	Rate Class	Chargeable Weight	Rate/Charge	Total	Nature and Quantity of Goods
40CTNS	400	K	Q	400	18.56	7424.00	PURPLE CLAY TEAPOTS DIMS: (30×40×40) CBM×40

续表

Prepaid AS ARRANGED	Weight Charge	Collect	Other Charges
Valuation Charge PREPAID			
Tax			
Total Other Charges Due Agent		Shipper certifies that the particulars on the face hereof are correct and that insofar as any part of the consignment contains dangerous goods, such part is properly described by name and is in proper condition for carriage by air according to the applicable Dangerous Goods Regulations	
Total Other Charges Due Carrier			
		Signature of Shipper or his agent	
Total Prepaid	Total Collect	Executed on AUG. 11, 20×× at SHANGHAI Signature of issuing Carrier or as Agent	
Currency Conversion Rates	CC Charges in des. Currency		
For Carrier's Use Only at Destination	Charges at Destination	Total Collect Charges	AIR WAYBILL NUMBER 999-80693231

航空货运单的填制说明：

① Air Waybill Number 货运单号码：一般被印制在每一份运单的左上角和右下角两处。由 11 位数字组成，前三位是航空公司的 IATA 数字代码。

② Shipper's Name and Address 托运人姓名、地址：填写托运人的全称、街名、城市、国家名称、电话、电传、传真号。

③ Consignee's Name and Address 收货人姓名、地址：填写收货人的全称、街名、城市、国家名称、电话、电传、传真号。

> **小贴士**
>
> 1. 直接运输。航空货运单上托运人栏和收货人栏分别填列真正的托运人和收货人。
>
> 2. 集中托运。主运单上的托运人和收货人分别是分拨代理人和集中托运商；分运单上的托运人和收货人分别是真正的托运人和收货人。

④ Issuing Carrier's Agent Name and City 货运单代理人的名称和城市。

⑤ Airport of Departure 始发站：填写始发站机场的名称，用英文全称。

⑥ Airport of Destination 目的港：填写最后目的站机场名称或三字代码。

a. 按国际航空运输协会 IATA 规范的机场代码填报；

b. 机场名称不明确时，可填城市名称，并用英文全称；

c. 标签上的卸货港机场代码必须与托运单上目的地机场代码一致；

d. 如果有"转运路线"要求，可以填在专门的栏目内。

⑦ Accounting Information 有关财务说明事项：一般填写以下内容。

a. 付款方式：现金、支票、旅费证；

b. 货物到目的地无法交付而被退运时，将原运单号填在新运单的相关栏目中；

c. 货物飞离后运费更改,将更改通知单单号填在本栏中;

d. 运费支付方式:预付 FREIGHT PREPAID 或到付 FREIGHT COLLECT。

⑧ Currency 货币:本栏填写始发站所在国家的货币 ISO 代码。

⑨ WT/VAL 栏。WT(WEIGHT CHARGE)航空运费:指根据货物计费重量乘以适用的运价收取的运费。VAL (VALUATION CHARGE)声明的价值费:指向承运人声明了价值时,必须与运费一起交付声明价值费。在 PP 下方打"×"表示预付;CC 下方打"×"表示到付。

⑩ Declared Value for Carriage 供运输用声明价值:托运人向承运人声明货物价值。

提示:若托运人不办理货物声明价值,必须填写 NVD(NO VALUE DECLARED)字样。

⑪ Declared Value for Customs 供海关用声明价值:托运人向海关申报的货物价值。

提示:托运人不办理此项声明价值,必须填写 NCV(NO COMMERCIAL VALUE)字样。

⑫ Amount of Insurance 保险价值:此栏填写货物的投保金额。

提示:托运人不代办保险,此栏显示 NIL 字样;中国民航不代办国际货物运输保险。

⑬ No. of Pieces 件数和包装方式:填写货物的件数和包装种类。

提示:当货物运价种类不同时,应分别填写,并将总件数相加,包装种类用 PACKAGES 表示。

⑭ Gross Weight 毛重:填写货物实际毛重,用代码 K 表示千克,或 L 表示磅。

a. 以千克为单位时,保留小数后一位,并按 0.5 进位,不足 0.5 的按 0.5 计。

b. 多项货物时,在画线下方对应栏内填写毛重之和。

⑮ Rate Class 运价种类:填写所采用的货物运价种类的代号。

M——最低运价

N——45 千克以下普通货物运价

Q——45 千克以上普通货物运价

C——指定商品运价

⑯ Chargeable Weight 计费重量:填写据以计收航空运费的货物重量。

a. 当货物是重货时,计费重量可以是货物的实际毛重。

b. 当货物是轻泡货时,计费重量可以是货物的体积重量。

c. 当货物临近重量分界点时,计费重量可以是较高重量、较低运价的分界点重量。

> **小知识**
>
> **计费重量**
>
> 在航空运输中,计费重量是按货物的实际毛重和体积重量中的较高者计算的。我国民航规定以 6000 立方厘米折合为 1 千克为计算标准。计费重量的最小单位是 0.5 千克,当重量不足 0.5 千克时,按 0.5 千克计算;超过 0.5 千克、不足 1 千克时按 1 千克计算。

⑰ Rate/Charge 费率:填写所适用的货物运价。

a. 使用最低运费时,填写与运价代号 M 相对应的最低运费。

b. 使用代号 N、Q、C、S、R 时,填写相对应的运价。

⑱ Nature and Quantity of Goods 货物品名和数量:填写货物的具体名称和数量。

a. 不得填写表示货物类别的名称,应填写货物品名、数量、体积、产地等细节。

b. 危险品、鲜活易腐货,应分别填写其标准的学术名称。

c. 按货物外包装"最长×最宽×最高×件数"顺序或总体积填写。

⑲ Executed on … at …签单日期和地点:由托运人填写升货运单的时间和地点。

【任务小结】

填制航空运单,是空运出口中最重要的环节。航空运单填写得准确与否不但会直接影响到货物能否及时、准确地运到目的地,还将影响到发货人能否顺利结汇。因此,航空运单的填写必须详细准确。

体验活动　制作航空运单

【任务背景】

20××年7月25日明基公司出口西班牙电脑显示器件2000台,委托上海现代货运代理公司向航空公司订舱,由航空公司直接运输。客户填制国际货物托运书如表3-11所示。

表3-11

上海客货运输服务有限公司　SHANGHAI EXPRESS SERVICE CO., LTD. 国际货物托运书　SHIPPER'S LETTER OF INSTRUCTION			IATA　REF. NO. XY050401
始发站　AIRPORT DEPARTURE　SHANGHAI	到达站　AIRPORT OF DESTINATION　MALAGA		供承运人用　FOR CARRIER ONLY
路线及到达站　ROUTING AND DESTINATION			航班/日期　FLIGHT/DAY　　航班/日期　FLIGHT/DAY
至 TO　第一承运人 BY FIRST CARRIER　至 TO　承运人 BY　至 TO　承运人 BY　至 TO　承运人 BY			已预留吨位　BOOKED
收货人姓名及地址　CONSIGNEE'S NAME AND ADDRESS　JAVRERGARC SISTEMAS S. A.　NO. 2699 PLAZA SOL MALAGA, SPAIN　TEL:+34-610789793			运费　CHARGES　FREIGHT PREPAID
另行通知　ALSO NOTIFY	SAME AS CONSIGNEE		
托运人账号　SHIPPER'S ACCOUNT NUMBER	045686	托运人姓名及地址　SHIPPER'S NAME & ADDRESS　BENQ　NO. 268 SHISHAN ROAD, SUZHOU, CHINA	

续表

托运人声明的价值 SHIPPER'S DECLARED VALUE NVD		保险金额 AMOUNT OF INSURANCE	所附文件 DOCUMENTS TO ACCOMPANY AIR WAYBILL		
供运输用 FOR CARRIAGE	供海关用 FOR CUSTOMS				
件数 NO. OF PACKAGES	实际毛重 ACTUAL GROSS WEIGHT (kg)	运价类别 RATE CLASS	收费重量 CHARGEABLE WEIGHT	离岸 RATE CHARGE	货物名称及重量(包括体积或尺寸) NATURE AND QUANTITY OF GOODS (INCL. DIMENSIONS OF VOLUME)
200CTNS	9400	Q	112769		LCD MONITORS (47×59×122)CBM×200

在货物不能交予收货人时,托运人指示的处理方法
SHIPPER'S INSTRUCTIONS IN CASE OF INABILITY TO DELIVER SHIPMENT AS CONSIGNED

处理情况(包括包装方式、货物标志及号码等)
HANDLING INFORMATION (INCL. METHOD OF PACKING IDENTIFYING MARKS AND NUMBERS. ETC.)
JSS/MALAGA/NO.1-200
KEEP UPSIDE

托运人证实以上所填全部属实并愿遵守托运人的一切载运章程。
THE SHIPPER CERTIFIES THAT PARTICULARS ON THE FACE HEREOF ARE CORRECT AND AGREES TO THE CONDITIONS OF CARRIAGE OF THE CARRIER.

托运人签字:BENQ　　　日期:20××-07-13　　经收人:马林　　　日期:20××-07-13
SIGNATURE OF SHIPPER　　　DATE　　　AGENT　　　DATE

DESCRIPTION OF GOODS: 2000PCS OF LCD MONITORS PER S/C NO. HT75 DD JUNE 20,20××. CIF MALAGA USD135.70/PC

DOCUMENTS REQUIRED: CLEAN AWB FOR GOODS AIRFREIGHTED TO JAVRERGARC SISTEMAS S.A. NO.2699 PLAZA SOL MALAGA, SPAIN MARKED FREIGHT PREPAID AND EVIDENCING THE METHOD OF PACKING "KEEP UPSIDE", NOTIFY APPLICANT

航空运单填开日期:20××年7月25日　　填开地点:上海
始发站:上海浦东国际机场　　货物装箱情况:200CTNS
毛重:4.7 KGS/PC　　尺寸:47×59×122 cm³
唛头:JSS/MALAGA/NO.1-200
航班号及日期:CA253 JULY 25,20××
航空运单号码:999-89783442
空运单注明没有声明价值和商业价值。

【任务要求】

请根据任务背景及相关资料,填写航空货运单(填制表 3-12)。

表 3-12

Shipper's Name and Address						NOT NEGOTIABLE Air Waybill　　中国国际航空公司 Issued by　　　　AIR CHINA				
Consignee's Name and Address						It is agreed that the goods described herein are accepted in apparent good order and condition (except as noted) for carriage SUBJECT TO THE CONDITIONS OF CONTRACT ON THE REVERSE HEREOF, ALL GOODS MAY BE CARRIED BY ANY OTHER MEANS, INCLUDING ROAD OR ANY OTHER CARRIER UNLESS SPECIFIC CONTRARY INSTRUCTIONS ARE GIVEN HEREON BY THE SHIPPER. THE SHIPPER'S ATTENTION IS DRAWN TO THE NOTICE CONCERNING CARRIER'S LIMITATION OF LIABILITY. Shipper may increase such limitation of liability by declaring a higher value of carriage and paying a supplemental charge if required.				
Issuing Carrier's Agent Name and City										
Agents IATA Code			Account No.							
Airport of Departure (Add. of First Carrier) and Requested Routing						Accounting Information				
To	By First Carrier	To	By	To	By	Currency	WT/VAL		Declared Value for Carriage	Declared Value for Customs
							PP	CC		
Airport of Destination		Flight/ Date		Amount of Insurance		INSURANCE-If carrier offers insurance and such insurance is requested in accordance with the conditions thereof indicate amount to be insured in figures in box marked "Amount of Insurance"				
Handling Information										

续表

No. of Pieces	Gross Weight	Kg/ L b	Rate Class	Chargeable Weight	Rate/Charge	Total	Nature and Quantity of Goods

Prepaid	Weight charge		Collect	Other Charges
Valuation Charge				
Tax				
Total Other Charges Due Agent		Shipper certifies that the particulars on the face hereof are correct and that insofar as any part of the consignment contains dangerous goods, such part is properly described by name and is in proper condition for carriage by air according to the applicable Dangerous Goods Regulations ＿＿＿＿＿＿＿ Signature of Shipper or his agent		
Total Other Charges Due Carrier				
Total Prepaid		Total Collect		
Currency Conversion Rates		CC Charges in des. Currency	Executed on ＿＿＿＿ at ＿＿＿＿ Carrier or as Agent	Signature of issuing
For Carrier's Use Only at Destination		Charges at Destination	Total Collect Charges	AIR WAYBILL NUMBER

【任务评价】

评价项目	评价描述	评定结果		
		达到	基本达到	未达到
基本要求	能说出航空托运的流转程序			
	能区分航空主运单与航空分运单			
	能按照业务要求正确填制航空主运单与航空分运单			
综合要求	在完成业务操作中,评价活动的质量;在按要求填写单证内容时,注意与同学合作、交流;对自己完成任务的情况进行小结			

任务三　货物进出口报关单证的制作

【学习目标】

1. 能理解进出口报关业务的基本流程,明确报关单证的功能及作用;
2. 能说出新版进出口货物报关单相关栏目的内容和填写方法;
3. 能通过 HS 编码查询商品的申报要素,并说明商品的规范申报要求;
4. 能根据业务资料,填制货物进出口货物报关单(草单),并在"单一窗口"完成进出口报关数据的录入;
5. 能严格遵守报关作业规范,养成认真、严谨的工作习惯,能按照规定如实申报进出口货物,及时准确地完成报关单证的制作,具备诚实守信的职业精神。

2018 年 4 月 16 日,海关总署颁布海关总署公告 2018 年第 28 号(关于企业报关报检资质合并有关事项的公告),宣布关检合一进入实质性的整合阶段。随着出入境检验检疫局系统全部划入海关系统,口岸通关迎来新变化。在通关作业方面,通过"单一窗口"实现报关报检一次申报,对进出口货物实施一次查验,凭海关放行指令一次放行。检验检疫作业全面融入海关作业,优化了作业流程,减少了非必要的作业环节和手续。

教学活动　出口货物报关单的填制及数据填报

【任务背景】

上海启锐贸易有限公司(统一社会信用代码:91310116662495241T,海关注册编码:3119966159)向马来西亚 NEAP Construction Engineering Co. Ltd. 出口一批建筑用 HDPE 双壁波纹管和配套的橡胶圈。启锐公司委托上海现代货运代理公司(海关注册编码:3100945628)办理该批货物的出口报关业务,出口货物无需办理各类许可证件,也不涉及检验检疫。公司要求报关部门报关员马林负责这批货物的出口报关业务。与本次出口报关业务相关的资料如下。

资料 1:发票(见表 3-13)

表 3-13

上海启锐贸易有限公司
SHANGHAI QIRUI TRADING CO. LTD.
地址:中国上海市陆家嘴路 1150 号
ADD:NO. 1150 LUJIAZUI RD, SHANGHAI, CHINA
TEL:+86-21-637465×× 　　　FAX:+86-021-637464××

发票
INVOICE

TO: NEAP CONSTRUCTION ENGINEERING CO. LTD.

INVOICE NO: PTS-1122-ET-144
S/C NO.: PTS-1122-ET-144-10
DATE: MAY 10,20××

SHIPPER PER: BY SEA		SAILING ON OR ABOUT:	
FROM	SHANGHAI, CHINA	TO	PORT KELANG, MALAYSIA

Mark & Nos	Descriptions of goods	Quantity	Unit Price	Amount
N/M	HDPE PIPE RUBBER GASKET	393.00PCS 393.00PCS	CIF PORT KELANG RMB1182.50 RMB57.60	RMB464,722.50 RMB22,636.80
TOTAL RMB: FOUR HUNDRED AND EIGHTY-SEVEN THOUSAND THREE HUNDRED AND FIFTY-NINE POINT THREE ONLY				RMB487,359.30

资料2:装箱单(见表3-14)

表3-14

上海启锐贸易有限公司
SHANGHAI QIRUI TRADING CO. LTD.

地址:中国上海市陆家嘴路1150号

ADD: NO. 1150 LUJIAZUI RD, SHANGHAI, CHINA

TEL:+86-21-637465××   FAX:+86-21-637464××

PACKING/WEIGHT LIST
装箱单/重量单

INVOICE NO: PTS-1122-ET-144

TO: NEAP CONSTRUCTION ENGINEERING CO., LTD.   S/C NO.: PTS-1122-ET-144-10

DATE: MAY 10,20××

Mark & Nos	Descriptions of goods	Quantity	Unit	Package	N.W. (kg)	G.W. (kg)	Meas (m³)
N/M	HDPE PIPE	393.00	PCS	393.00	36148.4	37098.40	27
	RUBBER GASKET	393.00	PCS	393.00	596.6	623.80	
TOTAL		786.00		786.00	36745.00	37722.20	27

资料3:补充资料

该批货物装载在 UN9515620 V.120 轮上,于20××年5月23日从上海洋山港出口。

集装箱信息:

整箱,箱号:TRHU4902677;1×20′集装箱;自重:2250千克

货物信息:

HDPE 双壁波纹管 HS CODE:3917210000;法定第一单位:千克,法定第二单位:条;

橡胶圈 HS CODE:4016939000;法定第一单位:千克,法定第二单位:只

提单号(B/L NO.):E9316651278

境内货源地：上海市浦东新区
货物总运费：3200 美元
货物保险费：367.12 元
报关单类型：通关无纸化
货物申报要素信息：详见表 3-15 和表 3-16

表 3-15

HDPE 双壁波纹管申报要素信息

1	品名	HDPE 双壁波纹管
2	品牌类型	境内自主品牌
3	出口享惠情况	出口货物在最终目的国（地区）不享受优惠关税
4	成分	高密度聚乙烯＋色母
5	品牌	LESSO 联塑牌
6	型号	DN/ID 300、DN/ID 800 等
7	用途	用于市政工程埋地排水排污或农田水利灌溉

表 3-16

橡胶圈申报要素信息

1	品名	橡胶圈
2	品牌类型	境内自主品牌
3	出口享惠情况	出口货物在最终目的国（地区）不享受优惠关税
4	用途	用于密封管道管件连接处
5	是否海绵橡胶	天然橡胶制品
6	材质	天然橡胶制品
7	是否机器及仪器用	非机器及仪器用
8	品牌	LESSO 联塑牌
9	型号	DN/ID 300、DN/ID 800 等

【任务要求】

请根据任务背景及相关资料，以上海启锐贸易有限公司贸易部李梅的身份填写出口货物报关单（草单），并交由上海现代货运代理公司报关员马林将该票出口货物的申报数据在单一窗口进行录入。

【任务分析】

报关是指进出口货物收发货人、进出境运输工具负责人、进出境物品的所有人或其代理人向海关办理货物、物品、运输工具进出境手续及海关事务的过程。报关单是进出口货物收发货人或其代理人按照海关的要求及规定的格式对进出口的货物作出声明,并以此要求海关按制度对货物办理报关手续的文书。要完成本项任务,要求同学们了解和掌握如下海关规定和报关业务操作要求:

① 完成一票货物的出口报关业务需要经历哪些过程;
② 新版出口报关单的填写内容和填写方法;
③ 如何在单一窗口完成出口报关数据的录入;
④ 具有如实申报的职业精神。

【任务实施】

步骤一　建立电子代理报关委托

上海现代货运代理公司接受上海启锐贸易有限公司的报关委托,登录中国国际贸易单一窗口(简称"单一窗口")发起委托申请(见图 3-2 至图 3-3)。

图 3-2　登录"单一窗口"

> **小贴士**
>
> "单一窗口"标准版为网页形式,用户打开浏览器输入网址(http://www.singlewindow.cn)即可访问。

图 3-3　发起委托申请

上海现代货运代理公司录入委托协议(见图3-4)并发送给上海启锐贸易有限公司。上海启锐贸易有限公司确认,双方建立电子代理报关委托协议。

图3-4　录入委托协议

步骤二　填制出口货物报关单(草单)

上海启锐贸易有限公司贸易部李梅根据出口货物的单证资料填写出口货物报关单(草单)。出口货物报关单的格式如表3-17所示。

表3-17

中华人民共和国海关出口货物报关单

预录入编号：　　　　　　　　　　　　　　　　海关编号：

境内发货人	出境关别	出口日期		申报日期		备案号
境外收货人	运输方式	运输工具名称及航次号		提运单号		
生产销售单位	监管方式	征免性质		许可证号		
合同协议号	贸易国(地区)	运抵国(地区)		指运港		离境口岸
包装种类	件数	毛重(千克)	净重(千克)	成交方式	运费	保费	杂费
随附单证及编号							
标记唛码及备注：							

模块三　国际货运代理单证

续表

项号	商品编号	商品名称及规格型号	数量及单位	单价/总价/币制	原产国(地区)	最终目的国(地区)	境内货源地	征免

特殊关系确认：	价格影响确认：	支付特许权使用费确认：	自报自缴：

报关人员 纳税之法律责任 申报单位	报关人员单证号 海关批注及签章	电话 申报单位(签章)	兹声明对以上内容承担如实申报、依法

出口报关单(草单)填制规范如下。

① 预录入编号

预录入编号指预录入报关单的编号,一份报关单对应一个预录入编号,由系统自动生成。

② 海关编号

海关编号指海关接受申报时给予报关单的编号,一份报关单对应一个海关编号,由系统自动生成。

③ 境内发货人

填报在海关备案的对外签订并执行出口贸易合同的中国境内法人、其他组织名称及编码。编码填报法人和其他组织的18位统一社会信用代码;没有统一社会信用代码的,填报其在海关的备案编码。

本任务的境内发货人一栏应填报:上海启锐贸易有限公司(91310116662495241T)。

④ 出境关别

根据货物实际出境的口岸海关,填报海关规定的《关区代码表》(见表3-18)中相应口岸海关的名称及代码。

本任务的出境关别一栏应填报:洋山港区(2248)。

表 3-18

关区代码表(节选)

关区代码	关区名称	关区代码	关区名称	关区代码	关区名称
0000	海关总署	0110	平谷海关	0118	十八里店
0100	北京关区	0117	京开发区	0126	京加工区

续表

关区代码	关区名称	关区代码	关区名称	关区代码	关区名称
0129	京关天竺	2214	漕河泾发	2229	航交办
2200	上海海关	2215	虹桥开发	2230	徐汇区站
2201	浦江海关	2216	沪金山办	2231	洋山市内
2202	吴淞海关	2217	嘉定海关	2232	船监管处
2203	沪机场关	2218	外高桥关	2233	浦东机场
2204	闵开发区	2219	杨浦监管	2234	沪钻交所
2205	沪车站办	2220	金山海关	2247	沪化工区
2206	沪邮局办	2221	松江海关	2248	洋山港区
2207	沪稽查处	2222	青浦海关	2249	洋山保税
2208	宝山海关	2223	南汇海关	2300	南京海关
2209	龙吴海关	2224	崇明海关	2301	连云港关
2210	浦东海关	2225	外港海关	2302	南通海关
2211	卢湾监管	2226	贸易网点	2303	苏州海关
2212	奉贤海关	2227	普陀区站	2304	无锡海关
2213	莘庄海关	2228	长宁区站	5141	广州机场

> **小贴士**
>
> 报关相关的通关参数可以进入中华人民共和国海关总署全国一体化在线政务服务平台（http://online.customs.gov.cn/）查询。

⑤ 出口日期

出口日期指运载出口货物的运输工具办结出境手续的日期，在申报时免予填报。无实际进出境的货物，填报海关接受申报的日期。

⑥ 申报日期

申报日期指海关接受进出口货物收发货人、受委托的报关企业申报数据的日期。以电子数据报关单方式申报的，申报日期为海关计算机系统接受申报数据时记录的日期。本栏目在申报时免予填报。

⑦ 备案号

填报进出口货物收发货人、消费使用单位、生产销售单位在海关办理加工贸易合同备案或征、减、免税审核确认等手续时，海关核发的《加工贸易手册》、海关特殊监管区域和保税监管场所保税账册、《征免税证明》或其他备案审批文件的编号。一份报关单只允许填报一个备案号。备案号长度为12位，第1位为标记代码，第2至5位为关区代码，第6位为年份，第7至12位为序列号。第1位标记代码的含义如表3-19所示。

本任务的资料没有提示相关内容，因此可不填。

表 3-19

标记代码含义对照表

代码	含 义	代码	含 义
B	来料加工登记手册	G	加工贸易深加工结转分册
C	进料加工登记手册	H	出口加工区进出货物
D	外商免费提供的加工贸易不作价设备登记手册	Y	原产地证书
F	加工贸易异地进出口分册	Z	征免税证明

⑧ 境外收货人

境外收货人通常指签订并执行出口贸易合同中的买方或合同指定的收货人。填报境外收货人的名称及编码。名称一般填报英文名称。对于 AEO（经认证的经营者）互认国家（地区）的企业，编码填报 AEO 编码，填报样式为"国别（地区）代码＋海关企业编码"。

本任务的境外收货人一栏应填报：NEAP CONSTRUCTION ENGINEERING CO. LTD.

⑨ 运输方式

运输方式包括实际运输方式和海关规定的特殊运输方式。前者指货物实际进出境的运输方式，按进出境所使用的运输工具分类；后者指货物无实际进出境的运输方式，按货物在境内的流向分类。根据货物实际进出境的运输方式或货物在境内流向的类别，按照海关规定的《运输方式代码表》（见表 3-20）选择填报相应的运输方式及代码。

本任务的运输方式一栏应填报：水路运输(2)。

表 3-20

运输方式代码表

运输方式代码	运输方式名称	运输方式代码	运输方式名称
0	非保税区	H	边境特殊海关作业区
1	监管仓库	T	综合实验区
2	水路运输	W	物流中心
3	铁路运输	X	物流园区
4	公路运输	Y	保税港区
5	航空运输	Z	出口加工区
6	邮件运输	L	旅客携带
7	保税区	G	固定设施运输
8	保税仓库	H	边境特殊海关作业区
9	其他方式运输	T	综合实验区

⑩ 运输工具名称及航次号

该栏填报载运货物进出境的运输工具名称或编号及航次号。一份报关单只允许填报一个运输工具名称。具体填报要求如下：

a. 水路运输填报船舶呼号(来往港澳小型船舶填报监管簿编号)＋"/"＋航次号。

b. 汽车运输填报该跨境运输车辆的国内行驶车牌号＋"/"＋进出境日期(8位数字，即年年年年月月日日，下同)。

c. 铁路运输填报车次(或车厢号)＋"/"＋进出境日期。

d. 航空运输填报航班号。

e. 邮政运输填报邮政包裹单号＋"/"＋进出境日期。

f. 进口转关运输填报转关标志"@"及转关运输申报单编号，出口转关运输只需填报转关运输标志"@"。本关区内转关不列入此范围。

g. 其他运输填报具体运输方式名称，例如：管道、驮畜等。

h. 无实际进出境的加工贸易报关单按以下要求填报：

● 加工贸易深加工结转及料件结转货物，应先办理结转进口报关，并在结转出口报关单栏目填报转入方关区代码及进口报关单号，即"转入××(关区代码)××××××××××(进口报关单号)"。按转关运输货物办理结转手续的，按上列第6项规定填报。

● 加工贸易成品凭《征免税证明》转为享受减免税进口货物的，应先办理进口报关手续，并在出口报关单栏目填报进口方关区代码及进口报关单号。

● 上述规定以外无实际进出境的，本栏为空。

本任务的运输工具名称及航次号一栏应填报：UN9515620/120。

⑪ 提运单号

该栏填报进出口货物提单或运单的编号。一份报关单只允许填报一个提运单号，一票货物对应多个提运单时，应分单填报。具体填报要求如下：

a. 水路运输：填报进出口提运单号。如有分提运单的，填报进出口提运单号＋"＊"＋分提运单号。

b. 汽车运输：免于填报。

c. 铁路运输：填报运单号。

d. 航空运输：填报总运单号＋"_"(下划线)＋分运单号，无分运单的填报总运单号。

e. 邮政运输：填报邮运包裹单号。

f. 无实际进出境的，本栏不需填报。

本任务的提运单号一栏应填报：E9316651278。

⑫ 生产销售单位

生产销售单位是指出口货物在境内的生产或销售单位，需填报生产销售单位的18位统一社会信用代码、10位海关编码、10位检验检疫编码和企业的中文名称。

本任务的生产销售单位一栏应填报：上海启锐贸易有限公司(91310116662495241T)。

⑬ 监管方式

监管方式是以国际贸易中进出口货物的交易方式为基础，结合海关对进出口货物的征税、统计及监管条件综合设定的海关对进出口货物的管理方式。根据实际对外贸易情况，按海关规定的《监管方式代码表》(见表3-21)选择填报相应的监管方式简称及代码。一份报关单只允许填报一种监管方式。

本任务的监管方式一栏应填报：一般贸易(0110)。

表3-21

监管方式代码表(节选)

监管方式代码	监管方式简称	监管方式全称
0110	一般贸易	一般贸易
0214	来料加工	来料加工装配贸易进口料件及加工出口货物
0615	进料对口	进料加工(对口合同)
0654	进料深加工	进料深加工结转货物
0715	进料非对口	进料加工(非对口合同)
1210	保税电商	保税跨境贸易电子商务
1215	保税工厂	保税工厂
1233	保税仓库货物	保税仓库进出境货物
2025	合资合作设备	合资合作企业作为投资进口设备物品
2225	外资设备物品	外资企业作为投资进口的设备物品
9610	电子商务	跨境贸易电子商务

⑭ 征免性质

根据实际情况，按海关规定的《征免性质代码表》(见表3-22)选择填报相应的征免性质简称及代码。

本任务的征免性质一栏应填报：一般征税(101)。

表3-22

征免性质代码表(节选)

征免性质代码	征免性质简称	征免性质全称
101	一般征税	一般征税进出口货物
201	无偿援助	无偿援助进出口物资
401	科教用品	大专院校及科研机构进口科教用品
501	加工设备	加工贸易外商提供的不作价进口设备
502	来料加工	来料加工装配和补偿贸易进口料件及出口成品
503	进料加工	进料加工贸易进口料件及出口成品
601	中外合资	中外合资经营企业进出口货物

续表

征免性质代码	征免性质简称	征免性质全称
602	中外合作	中外合作经营企业进出口货物
603	外资企业	外商独资企业进出口货物
789	鼓励项目	国家鼓励发展的内外资项目进口设备
799	自有资金	外商投资额度外利用自有资金进口设备、备件、配件

⑮ 许可证号

许可证号是指进出口属于许可证管理货物的许可证编号,如无许可证的无需填报。

⑯ 合同协议号

填报进出口货物合同(包括协议或订单)编号。

本任务的合同协议号一栏应填报:PTS-1122-ET-144-10。

⑰ 贸易国(地区)

贸易国(地区)是指交易对象所在国(地区)。按海关规定的《国别(地区)代码表》选择填报相应的贸易国(地区)的中文名称及代码。

本任务的贸易国(地区)一栏应填报:马来西亚(MYS)。

表 3-23

国别(地区)代码表(节选)

代码	中文名称	代码	中文名称	代码	中文名称
CHN	中国	AUS	澳大利亚	CAN	加拿大
DEU	德国	FRA	法国	JPN	日本
TWN	中国台湾	HKG	中国香港	KOR	韩国
RUS	俄罗斯联邦	GBR	英国	USA	美国
ESP	西班牙	ITA	意大利	MYS	马来西亚

⑱ 运抵国(地区)

运抵国(地区)填报出口货物离开我国关境直接运抵的国家(地区),或者在运输中转国(地区)未发生任何商业性交易的情况下最后运抵的国家(地区)。不经过第三国(地区)转运的直接运输出口货物,以出口货物的指运港所在国(地区)为运抵国(地区);经过第三国(地区)转运的出口货物,如在中转国(地区)发生商业性交易,则以中转国(地区)作为启运国(地区)。按海关规定的《国别(地区)代码表》选择填报相应的运抵国(地区)的中文名称及代码。

本任务的运抵国(地区)一栏应填报:马来西亚(MYS)。

⑲ 指运港

指运港栏填报出口货物运往境外的最终目的港。根据实际情况,按海关规定的《港口代码表》(见表3-24)选择填报相应的港口名称及代码。经停港或指运港在《港口代码表》中无港口名称及代码的,可选择填报相应的国家名称及代码。

本任务的指运港一栏应填报:巴生港(马来西亚)(MYS105)。

表3-24

港口代码表(节选)

代码	中文名称	代码	中文名称
AUS225	悉尼(澳大利亚)	JPN384	大阪(日本)
BRA084	里约热内卢(巴西)	JPN501	东京(日本)
CAN456	多伦多(加拿大)	JPN570	横滨(日本)
CAN465	温哥华(加拿大)	KOR003	釜山(韩国)
DEU057	法兰克福(德国)	KOR018	仁川(韩国)
DEU063	汉堡(德国)	NLD066	鹿特丹(荷兰)
ESP024	巴塞罗那(西班牙)	SGP012	新加坡(新加坡)
FRA153	马赛(法国)	USA066	波士顿(美国)
GBR210	弗利克斯托(英国)	USA264	洛杉矶(美国)
GBR375	伦敦(英国)	USA309	纽约(美国)
JPN213	神户(日本)	USA483	西雅图(美国)

⑳ 离境口岸

离境口岸填报装运出境货物的跨境运输工具离境的第一个境内口岸的中文名称及代码;采取多式联运跨境运输的,填报多式联运货物最初离境的境内口岸的中文名称及代码;过境货物填报货物离境的第一个境内口岸的中文名称及代码;从海关特殊监管区域或保税监管场所离境的,填报海关特殊监管区域或保税监管场所的中文名称及代码。其他无实际出境的货物,填报货物所在地的城市名称及代码。

本任务的离境口岸一栏应填报:洋山港(311002)。

表3-25

国内口岸代码表(节选)

代码	口岸名称	代码	口岸名称
110001	北京	120003	天津保税物流园区
110002	北京平谷国际陆港	120004	天津港保税区
110101	首都国际机场	120601	天津滨海新区综合保税区
120001	天津	310001	上海

续表

代码	口岸名称	代码	口岸名称
310011	中国(上海)自由贸易试验区	380005	宁波保税区
310101	上海嘉定出口加工区	380101	宁波北仑港港区
310102	上海青浦出口加工区	440001	广州
310201	上海金桥出口加工区	440002	黄埔港务码头
310301	上海虹桥国际机场	440101	广州新沙码头
310302	上海浦东国际机场	440102	广州新风码头
310303	上海浦东机场综合保税区	442108	广州开发区东江仓码头
310601	上海闵行出口加工区	442109	黄埔中外运东江仓码头
310701	外高桥	442110	中外运黄埔仓码头
310702	上海外高桥保税物流园区	442111	黄埔庙沙围码头
310901	上海漕河泾出口加工区	442112	黄埔庙头建翔码头
311002	洋山港	442113	黄埔集通码头
311003	洋山保税港区	442114	广州开发区车检场
320001	南京	442115	广州保税物流园区
320101	南京禄口国际机场	442116	广州保税区
320102	南京港	442117	广州出口加工区
320201	苏州	442301	广州白云国际机场
320202	苏州工业园综合保税区	442302	广州白云机场综合保税区
320203	苏州高新技术产业开发区综合保税区	470001	深圳
320204	吴中出口加工区	470101	蛇口
330001	杭州	470102	赤湾
330002	杭州萧山国际机场	470701	大亚湾
333301	杭州出口加工区	471001	深圳宝安国际机场
380001	宁波	471401	深圳湾
380002	宁波栎社机场	471601	大铲湾
380003	宁波甬江港区	471804	深圳前海湾保税港区
380004	宁波出口加工区	999999	未列出的特殊监管区

㉑ 包装种类

该栏填报进出口货物的所有包装材料,包括运输包装和其他包装。按海关规定的《包装种类代码表》(见表3-26)选择填报相应的包装种类名称及代码。运输包装指提运单所列货物件数单位对应的包装;其他包装包括货物的各类包装,以及植物性铺垫材料等。

本任务的包装种类一栏应填报:其他包装。

表 3-26

包装种类代码表

代码	中文名称	代码	中文名称
00	散装	32	纸制或纤维板制桶
01	裸装	33	木制或竹藤等植物性材料制桶
04	球状罐类	39	其他材料制桶
06	包/袋	92	再生木托
22	纸制或纤维板制盒/箱	93	天然木托
23	木制或竹藤等植物性材料制盒/箱	98	植物性铺垫材料
29	其他材料制盒/箱	99	其他包装

㉒ 件数

该栏填报进出口货物运输包装的件数(按运输包装计)。特殊情况填报要求如下:

a. 舱单件数为集装箱的,填报集装箱个数。

b. 舱单件数为托盘的,填报托盘数。

本栏目不得填报为"0",裸装货物填报为"1"。

本任务的件数一栏应填报:786。

㉓ 毛重(千克)

该栏填报进出口货物及其包装材料的重量之和,计量单位为千克,不足一千克的填报为"1"。

本任务的毛重一栏应填报:37722.2。

㉔ 净重(千克)

该栏填报进出口货物的毛重减去外包装材料后的重量,即货物本身的实际重量,计量单位为千克,不足一千克的填报为"1"。

本任务的净重一栏应填报:36745.0。

㉕ 成交方式

根据进出口货物实际成交价格条款,按海关规定的《成交方式代码表》选择填报相应的成交方式。

本任务的成交方式一栏应填报:CIF。

表 3-27

成交方式代码

成交方式代码	成交方式名称	成交方式代码	成交方式名称
1	CIF(成本费加保险费加运费)	4	C&I(成本费加保险费)
2	C&F(成本费加运费)	5	市场价
3	FOB(船上交货价)	6	垫仓

㉖ 运费

该栏填报进口货物运抵我国境内输入地点起卸前的运输费用,或出口货物运至我国境内输出地点装载后的运输费用。可按运费率、运费单价或运费总价三种方式之一填报,同时注明运费标记,并按海关规定的《货币代码表》(见表3-28)选择填报相应的货币代码。运费标记"1"表示运费率,"2"表示每吨货物的运费单价,"3"表示运费总价。具体的填报要求如下:

a. 运费率:填报运费率的数值+"/"+运费率标记,如:5%的运费率填报为"5/1"。

b. 运费单价:填报运费货币代码+"/"+运费单价的数值+"/"+运费单价标记,如:24美元的运费单价填报为"USD/24/2"。

c. 运费总价:填报运费币值代码+"/"+运费总价的数值+"/"+运费总价标记,如:7000美元的运费总价填报为"USD/7000/3"。

本任务的运费一栏应填报:USD/3200.0/3。

表 3-28

货币代码表(节选)

代码	中文名称	代码	中文名称
HKD	港币	NOK	挪威克朗
JPY	日本元	RUB	俄罗斯卢布
CNY	人民币	CAD	加拿大元
EUR	欧元	USD	美元
DKK	丹麦克朗	AUD	澳大利亚元
GBP	英镑	NZD	新西兰元

㉗ 保费

该栏填报进口货物运抵我国境内输入地点起卸前的保险费用,或出口货物运至我国境内输出地点装载后的保险费用。可按保险费率或保险费总价两种方式之一填报,同时注明保险费标记,并按海关规定的《货币代码表》选择填报相应的货币代码。运费与保费合并计算的,填报在运费栏中。保险费标记"1"表示保险费率,"3"表示保险费总价。不同成交方式对出口报关单中运费、保费栏是否填报的要求不同(见表3-29)。

本任务的保费一栏应填报:CNY/367.12/3。

表 3-29

成交方式和运费、保费填报与否的对应关系表

	成交方式	运费	保费		成交方式	运费	保费
进口	CIF	不填	不填	出口	FOB	不填	不填
	C&F	不填	填		C&F	填	不填
	FOB	填	填		CIF	填	填

㉘ 杂费

该栏填报成交价格以外的、按照《中华人民共和国进出口关税条例》相关规定应计入完税价格或应从完税价格中扣除的费用。可按杂费率或杂费总价两种方式之一填报,同时注明杂费标记,并按海关规定的《货币代码表》选择填报相应的币种代码。杂费标记"1"表示杂费率,"3"表示杂费总价。

㉙ 随附单证及编号

根据海关规定的《监管证件代码表》和《随附单据代码表》选择填报除上列第⑮条规定的许可证件以外的其他进出口许可证件或监管证件、随附单据代码及编号。

㉚ 标记唛码及备注

标记唛码是运输标志的俗称;备注是填制报关单时需要备注的事项。本栏填报内容有:

    a. 标记唛码中除图形以外的文字、数字,无标记唛码的填报 N/M。

    b. 受外商投资企业委托代理进口投资设备、物品的进出口企业名称。

    c. 集装箱体信息,填报集装箱箱号(在集装箱箱体上标示的全球唯一编号)、集装箱规格代码(见表 3-30)、集装箱商品项号关系(单个集装箱对应的商品项号,半角逗号分隔)、集装箱货重(集装箱箱体自重+装载货物重量,千克)。

本任务的标记唛码及备注一栏应填报:N/M 集装箱标箱数及号码:1;TRHU4902677。

表 3-30

集装箱规格代码表

代码	中文名称	代码	中文名称
11	普通 2*标准箱(L)	23	罐式标准箱(S)
12	冷藏 2*标准箱(L)	31	其他标准箱(S)
13	罐式 2*标准箱(L)	32	其他 2*标准箱(L)
21	普通标准箱(S)	N	非集装箱
22	冷藏标准箱(S)		

㉛ 项号

该栏要分两行填报。第一行填报报关单中的商品顺序编号;第二行填报备案序号,专用于加工贸易及保税、减免税等已备案、审批的货物,填报该项货物在《加工贸易手册》或《征免税证明》等备案、审批单证中的顺序编号。

㉜ 商品编号

该栏填报由 10 位数字组成的商品编号。前 8 位为《中华人民共和国进出口税则》和《中华人民共和国海关统计商品目录》确定的编码;第 9、10 位为监管附加编号。

本任务的商品编号一栏应填报:HDPE 双壁波纹管:3917210000;橡胶圈:4016939000。

㉝ 商品名称及规格型号

该栏要分两行填报。第一行填报进出口货物规范的中文商品名称,第二行填报规格型号。

本任务的商品名称一栏应填报:HDPE 双壁波纹管;橡胶圈。

㉞ 数量及单位

该栏要分三行填报。具体要求如下：

a. 第一行按进出口货物的法定第一计量单位填报数量及单位，法定计量单位以《中华人民共和国海关统计商品目录》中的计量单位为准。

b. 凡列明有法定第二计量单位的，在第二行按照法定第二计量单位填报数量及单位。无法定第二计量单位的，第二行为空。

c. 成交计量单位及数量填报在第三行。成交数量和成交单位是指货物实际成交的数量、单位。如果计量单位为重量时成交数量应该填报净重。

本任务的数量及单位一栏应填报：HDPE 双壁波纹管，第一行按法定第一计量单位填写 36148.4 千克，第二行按法定第二计量单位填写 393.0 条；橡胶圈，第一行按法定第一计量单位填写 596.6 千克，第二行按法定第二计量单位填写 393.0 只。

㉟ 单价

该栏填报同一项号下进出口货物实际成交的商品单位价格。无实际成交价格的，填报单位货值。

本任务的单价一栏应填报：HDPE 双壁波纹管，1182.50；橡胶圈，57.60。

㊱ 总价

该栏填报同一项号下进出口货物实际成交的商品总价格。无实际成交价格的，填报货值。

本任务的总价一栏应填报：HDPE 双壁波纹管，464722.50；橡胶圈，22636.80。

㊲ 币制

按海关规定的《货币代码表》选择相应的货币名称及代码填报。

本任务的币制一栏应填报：人民币(CNY)。

㊳ 原产国(地区)

按海关规定的《国别(地区)代码表》选择填报相应的国家(地区)名称及代码。

本任务的原产国(地区)一栏应填报：中国(CHN)。

㊴ 最终目的国(地区)

该栏填报已知的进出口货物的最终实际消费、使用或进一步加工制造的国家(地区)。按海关规定的《国别(地区)代码表》选择填报相应的国家(地区)名称及代码。

本任务的最终目的国(地区)一栏应填报：马来西亚(MYS)。

㊵ 境内货源地

该栏填报出口货物在国内的产地或原始发货地。按海关规定的《国内地区代码表》选择填报相应的国内地区名称及代码。

本任务的境内货源地一栏应填报：(31222)上海市浦东新区。

㊶ 征免

该栏填报海关对进(出)口货物进行征税、减税、免税或特案处理的实际操作方式。本栏应按照海关核发的《征免税证明》或有关政策规定，对报关单所列每项商品选择填报海关规定的《征减免税方式代码表》(见表 3-40)中相应的征减免税方式。

本任务的征免一栏应填报：照章征税(1)。

表 3-31

征减免税方式代码表

代码	名 称	代码	名 称
1	照章征税	6	保证金
2	折半征税	7	保函
3	全免	8	折半补税
4	特案	9	全额退税
5	随征免性质		

㊷ 特殊关系确认

根据《中华人民共和国海关审定进出口货物完税价格办法》（以下简称《审价办法》）第16条，填报确认进出口行为中买卖双方是否存在特殊关系，有下列情形之一的，应当认为买卖双方存在特殊关系，应填报"是"，反之则填报"否"：

a. 买卖双方为同一家族成员的。

b. 买卖双方互为商业上的高级职员或者董事的。

c. 一方直接或者间接地受另一方控制的。

d. 买卖双方都直接或者间接地受第三方控制的。

e. 买卖双方共同直接或者间接地控制第三方的。

f. 一方直接或者间接地拥有、控制或者持有对方5%以上（含5%）公开发行的有表决权的股票或者股份的。

g. 一方是另一方的雇员、高级职员或者董事的。

h. 买卖双方是同一合伙的成员的。

i. 买卖双方在经营上相互有联系，一方是另一方的独家代理、独家经销或者独家受让人，如果符合前款的规定，也应当视为存在特殊关系。

㊸ 价格影响确认

根据《审价办法》第17条，填报确认纳税义务人是否可以证明特殊关系未对进口货物的成交价格产生影响，特殊关系未对成交价格产生影响，填报"否"，反之则填报"是"。

出口货物免予填报，加工贸易及保税监管货物（内销保税货物除外）免予填报。

㊹ 支付特许权使用费确认

根据《审价办法》第11条和第13条，填报确认买方是否存在向卖方或者有关方直接或者间接支付与进口货物有关的特许权使用费，且未包括在进口货物的实付、应付价格中。存在填报"是"，反之则填报"否"。出口货物免予填报，加工贸易及保税监管货物（内销保税货物除外）免予填报。

㊺ 自报自缴

进出口企业、单位采用"自主申报、自行缴税"（自报自缴）模式向海关申报时，填报"是"；反之则填报"否"。

㊻ 申报单位

自理报关的，填报进出口企业的名称及编码；委托代理报关的，填报报关企业的名称及编码。编码填报18位法人和其他组织的统一社会信用代码。

报关人员填报在海关备案的姓名、编码、电话,并加盖申报单位印章。

李梅依照制单要求,填制完成出口货物报关单(草单),如表3-32所示。

表3-32

中华人民共和国海关出口货物报关单

预录入编号:　　　　　　　　　　　　　　　　　　　　海关编号:

境内发货人 (91310116662495241T) 上海启锐贸易有限公司	出境关别(2248) 洋山港区	出口日期	申报日期	备案号
境外收货人 NEAP CONSTRUCTION ENGINEERING CO., LTD.	运输方式(2) 水路运输	运输工具名称及航次号 UN9515620/120	提运单号 E9316651278	
生产销售单位 (91310116662495241T) 上海启锐贸易有限公司	监管方式(0110) 一般贸易	征免性质(101) 一般征税	许可证号	
合同协议号 PTS-1122-ET-144-10	贸易国(地区) (MYS) 马来西亚	运抵国(地区) MYS 马来西亚	指运港(MYS105) 巴生港(马来西亚)	离境口岸 (311002) 洋山港
包装种类 其他包装	件数 786	毛重(千克) 37722.2	净重(千克) 36745.0	成交方式 CIF	运费 USD/ 3200.0/3	保费 CNY/ 367.12/3	杂费

随附单证及编号
标记唛码及备注: N/M 集装箱标箱数及号码;1;TRHU4902677

项号	商品编号	商品名称及规格型号	数量及单位	单价/总价/币制	原产国(地区)	最终目的国(地区)	境内货源地	征免
1	3917210000	HDPE双壁波纹管	36148.4千克 393.0条	1182.50 464722.50 人民币	中国(CHN)	马来西亚(MYS)	(31222) 上海市浦东新区	照章征税(1)
2	4016939000	橡胶圈	596.6千克 393.0只	57.60 22636.80 人民币	中国(CHN)	马来西亚(MYS)	(31222) 上海市浦东新区	照章征税(1)

特殊关系确认:否	价格影响确认:否	支付特许权使用费确认:否	自报自缴:否
报关人员 责任 申报单位	报关人员单证号 海关批注及签章	电话 申报单位(签章)	兹声明对以上内容承担如实申报、依法纳税之法律

步骤三 审核委托人提供的单证和报关资料

核对委托人提供的报关单证和报关资料,要求报关单证齐全,数据资料正确完整,做到单单相符。出口申报所需报关单证为:合同、商业发票、装箱单、报关草单、代理报关委托协议等。

步骤四 "单一窗口"数据录入

上海现代货运代理公司报关员马林根据出口货物报关单(草单),在单一窗口货物申报——出口报关单整合申报页面进行相关数据录入。

"单一窗口"报关单界面可以分为表头、表体、集装箱信息和随附单证和其他信息5个部分。以出口报关单整合申报页面为例,如图3-5所示。本任务不涉及到检验检疫,因此不需要填写检务表头信息和涉检货物信息栏目。

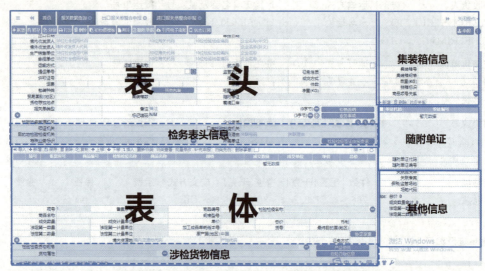

图3-5 "单一窗口"出口报关单整合申报页面

马林先完成表头信息的录入(见图3-6)。

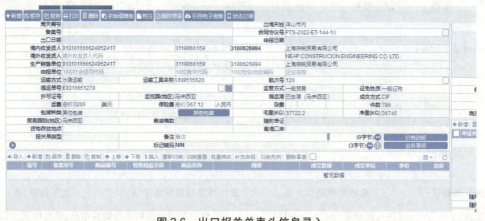

图3-6 出口报关单表头信息录入

马林进行出口货物报关单表体信息录入,先录入第一项货物的申报要素信息(见图3-7)。

图 3-7 第一项出口货物申报要素信息录入

马林完成第一项货物信息录入(见图 3-8)。

图 3-8 第一项出口货物信息录入完成

马林录入第二项货物的申报要素信息(见图 3-9)。

图 3-9 第二项出口货物申报要素信息录入

马林完成第二项货物信息录入(见图3-10)。

图3-10　第二项出口货物信息录入完成

马林完成集装箱信息录入(见图3-11)。

图3-11　集装箱信息录入

马林完成出口货物报关单信息录入(见图3-12)。

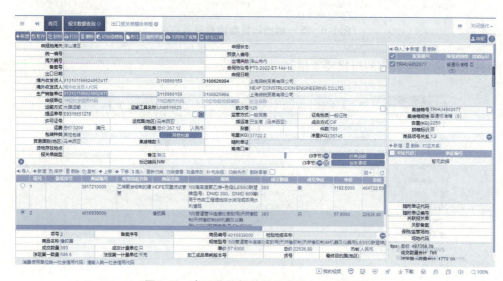

图3-12　出口货物报关单信息录入完成页面

步骤五　"单一窗口"数据核对

马林根据录入完成的报关单数据,点击出口报关单整合申报页面的"打印"按钮,生成打印预览校验单,将已录入的报关单数据和出口货物报关单(草单)一一核对,确保无误。

> **小知识**
>
> ### 海关 AEO 认证是什么？
>
> "经认证的经营者"（Authorized Enterprise Operator，AEO）是指世界海关组织（WCO）通过构建海关与企业合作关系，对符合条件的企业提供本国和互认国海关的通关便利措施，分担守法和安全责任，保障供应链安全和贸易便利的制度安排。
>
> AEO 一般认证企业享受的便利措施有：
>
> ① 较低的进出口货物查验率；
> ② 优先查验权；
> ③ 简化单证审核；
> ④ 进出口货物优先通关；
> ⑤ 非常时期优先通关。
>
> 目前与中国完成 AEO 互认的国家与地区有：
>
> ① 新加坡，2012 年 6 月签署；
> ② 韩国，2013 年 6 月签署；
> ③ 中国香港，2013 年 10 月签署；
> ④ 欧盟，2014 年 5 月签署；
> ⑤ 中国台湾，2016 年 10 月签署，等等。

【任务小结】

通过本任务的学习，我们了解了出口货物报关单的内容和填写方法，能在"单一窗口"录入出口货物申报要素信息。在填写出口货物报关单时，需要做到"两个相符"，即单证相符和单货相符。报关单各栏目应做到填写详细、内容无误，不能漏填。

体验活动　填制出口货物报关单（草单）

【任务背景】

上海富达贸易有限公司（913101987621209130）向巴西 Sunion Trading Company 出口一批折叠伞。富达公司委托上海现代货运代理公司（海关注册编码：3100945628）办理该批货物的出口报关业务，出口货物无需办理各类许可证件，也不涉及检验检疫。与本次出口报关业务相关的资料如下。

资料 1：发票（见表 3-33）

表 3-33

上海富达贸易有限公司
SHANGHAI FUDA TRADING CO., LTD.
地址：中国上海市南京西路 260 号
ADD：NO. 265 WEST NANJING RD, SHANGHAI, CHINA
TEL：+86-21-237465×× 　FAX：+86-21-661253××

INVOICE
发票

INVOICE NO: 209904843A
S/C NO.: HB-90123
DATE: AUG 10, 20××

TO: SUNION TRADING COMPANY

FROM SHANGHAI T/T		TO RIO DE JANEIRO, BRAZIL		
Mark & Nos	Descriptions of goods	Quantity	Unit Price	Amount
SUN MADE IN CHINA C/NO. 1-100	FOLDING UMBRELLA	4000PCS	FOB SHANGHAI USD5/PC	USD20,000
TOTAL AMOUNT: SAY USD DOLLARS TWENTY THOUSAND ONLY				

资料2：装箱单（见表3-34）

表3-34

上海富达贸易有限公司
SHANGHAI FUDA TRADING CO. LTD.

地址：中国上海市南京西路260号
ADD: NO. 265 WEST NANJING RD, SHANGHAI, CHINA
TEL: +86-21-237465×× FAX: +86-21-661253××

PACKING/WEIGHT LIST
装箱单/重量单

INVOICE NO: 209904843A
S/C NO.: HB-90123
DATE: AUG 10, 20××

TO: SUNION TRADING COMPANY

Mark & Nos	Descriptions of goods	Quantity	N.W. (kg)	G.W. (kg)	Meas (m³)
SUN MADE IN CHINA C/NO. 1-100	FOLDING UMBRELLA	100CARTONS	1020	1220	4.5
SAY ONE HUNDRED CARTONS ONLY					

资料3：补充资料

该批货物装在COSCO ESA V.024W轮于20××年8月23日从上海洋山港出口。

集装箱信息

拼箱，箱号：COSU5621445；1×20′集装箱；自重：2300千克

货物信息
HS CODE:66019100;第一法定单位:把,第二法定单位:件
提单号(B/L NO.):CU9874454156
境内货源地:上海市浦东新区

【任务要求】
请以上海富达贸易有限公司贸易部王明的身份填写出口货物报关单(草单)(填制表 3-35),并交由上海现代货运代理公司报关部门办理出口报关业务。

表 3-35

中华人民共和国海关出口货物报关单

预录入编号：　　　　　　　　　　　　　　　海关编号：

境内发货人	出境关别	出口日期	申报日期	备案号
境外收货人	运输方式	运输工具名称及航次号	提运单号	
生产销售单位	监管方式	征免性质	许可证号	
合同协议号	贸易国(地区)	运抵国(地区)	指运港	离境口岸
包装种类	件数　毛重(千克)　净重(千克)	成交方式	运费　保费　杂费	
随附单证及编号				
标记唛码及备注：				

项号	商品编号	商品名称及规格型号	数量及单位	单价/总价/币制	原产国(地区)	最终目的国(地区)	境内货源地	征免

特殊关系确认：	价格影响确认：	支付特许权使用费确认：	自报自缴
报关人员纳税之法律责任　申报单位	报关人员单证号　海关批注及签章	电话　　申报单位(签章)	兹声明对以上内容承担如实申报、依法

【任务评价】

评价项目	评价描述	评定结果		
		达到	基本达到	未达到
基本要求	能描述出口报关业务的基本流程			
	能说明新版出口货物报关单的内容和填写方法			
	能根据委托人要求,填制出口货物报关单(草单)			
	能根据出口货物报关单(草单),在"单一窗口"完成出口报关数据的录入			
	能按照规定如实申报出口货物,具备诚实守信的职业精神			
综合要求	在完成业务操作中,评价活动的质量;在按要求填写单证内容时,注意与同学合作、交流,对自己完成任务的情况进行小结			

教学活动 进口货物报关单的填制及数据填报

【任务背景】

深圳安永贸易有限责任公司(813101887621594371)以一般贸易的方式从西班牙空运进口一批庭院灯。货物的进口报关业务委托上海现代货运代理公司(海关注册编码:3100945628)代理报关。进口货物无需办理各类许可证件,也不涉及检验检疫。与本次进口报关业务相关的资料如下。

资料1:发票(见表3-36)

表3-36

COMMERCIAL INVOICE				
Seller: IBERIA LIGHTING CO. LTD.	Invoice No. and Date: FR9-721 NOV 23, 20××			
	L/C NO. and date: D/P			
Buyer: SHENZHEN ANYONG TRADING CO. LTD.	CONTRACT NO.:10JSSC2233			
From: BARCELONA, SPAIN	Terms of Delivery and Payment: CIF GUANGZHOU			
TO: GUANGZHOU, CHINA				
SHIPPING MARKS	NO. & KINDS OF PACKING; GOODS DESCRIPTION	QUANTITY	UNIT PRICE	AMOUNT
N/M	GARDEN LIGHT	25PCS	USD85.0	USD2,125.0
			COUNTRY OF ORIGIN: SPAIN	

资料 2:装箱单(见表 3-37)

表 3-37

PACKING LIST					
Seller: IBERIA LIGHTING CO., LTD.		Invoice No. and Date: FR9-721 NOV 23, 20××			
Buyer: SHENZHEN ANYONG TRADING CO. LTD.		CONTRACT NO.:10JSSC2233			
From: BARCELONA, SPAIN					
TO: GUANGZHOU, CHINA					
SHIPPING MARKS	NO. & KINDS OF PACKING; GOODS DESCRIPTION	QUANTITY	N.W.	G.W.	MEASUREMENT
N/M	GARDEN LIGHT	1PALLET	94 kg	112 kg	9.8 CBM

资料 3:补充资料

该批货物于 20××年 11 月 27 日到达广州白云国际机场(442301),当天上海现代货运代理公司向广州机场(5141)申报。

货物信息

HS CODE:9405500000;法定第一单位:千克,法定第二单位:个

航班:FM6688

运单号:788-90886445

货物包装:再生木托

货物存放地点:联邦快递

贸易方式:一般贸易

通关方式:通关无纸化

【任务要求】

请根据任务背景及相关资料,以上海现代货运代理公司单证员赵思的身份制作进口货物报关单(草单),并交给报关员马林在单一窗口录入将该票进口货物的申报数据。

【任务分析】

本项任务是在学习了出口货物报关单填制的基础上,区分进口货物报关单和出口货物报关单在填制内容上的区别。我们还将进一步学习进口货物申报要素的内容。海关总署对填制报关单的其中一项要求就是要申报规范。所以申报要素是否填写得规范直接影响到进出口货物的申报、报关,继而影响到清关的效率,最终影响到这票货物的时效性。因此,要完成本项任务,要求同学们了解和掌握如下海关规定和报关业务操作要求:

① 什么是商品的申报要素，如何根据 HS 编码查询商品的申报规范内容；
② 新版进口报关单的填写内容和填写方法；
③ 如何在单一窗口完成进口报关数据的录入；
④ 具备如实申报的职业精神。

【任务实施】

步骤一　建立电子代理报关委托

上海现代货运代理公司接受深圳安永贸易有限责任公司的报关委托，双方在国际贸易单一窗口（简称"单一窗口"）上办理电子代理报关委托。

步骤二　审核委托人提供单证和报关资料

核对委托人提供的进口报关单证和报关资料，要求做到信息准确，单证无缺漏。进口申报所需报关单证为：合同、商业发票、装箱单、提单、代理报关委托协议等。

赵思在核对客户提供材料时，发现客户货物申报要素信息资料不全。在与客户沟通时，发现客户刚开始做进出口业务，对进出口报关申报要素不熟悉。

申报要素是报关单商品名称及规格型号这一栏中必填的一项，是对进出口产品的更加准确的补充说明。常见内容包括：品名，用途，工作原理，材质，成分含量，规格，品牌名称和型号，生产单位等。在进出口货物报关时，海关规定每一个商品有一个商品编码；对于每个编码，海关要求提供的内容都不相同。申报要素一般由出口生产工厂或者外贸企业填写，企业不知道如何填写的，可以联系货代公司单证部或者报关行确认，最终决定权在外贸公司或出口生产工厂。

为了确认委托人需要提供的申报要素，赵思进入通关网（https://www.hscode.net/）申报要素查询页面，输入货物商品编码查询（见图 3-13 至图 3-14）。

图 3-13　通关网申报要素查询页面

图 3-14　通关网申报规范查询结果

HS编码查询海关申报规范主要包括：申报要素、法定计量单位、进出口税税率、海关监管条件、检验检疫类别等。

本任务涉及的货品庭院灯的申报要素包括品名、品牌类型、出口享惠情况、材质、用途、品牌、GTIN（全球贸易项目代码）、CAS物质数字识别号和其他。

① 品牌类型

品牌类型一共有5类（见表3-38）。

表3-38

品牌类型代码表

代码	品牌类型	代码	品牌类型
0	无品牌	3	境外品牌（贴牌生产）
1	境内自主品牌	4	境外品牌（其他）
2	境内收购品牌		

② 出口享惠情况

出口享惠情况，是指根据我国签署并实施的优惠贸易协定，我国出口货物在货物的最终目的国（地区）进口时，计划享受对方优惠关税的情况。目前已经和我国签订有优惠贸易协定的国家和地区包括：韩国、印度、孟加拉、斯里兰卡、老挝、文莱、柬埔塞、印度尼西亚、马来西亚、缅甸、菲律宾、新加坡、泰国、越南、巴基斯坦、智利、新西兰、秘鲁、哥斯达黎加、冰岛、瑞士、澳大利亚等。货物最终目的国（地区）是这些国家和地区时，需如实填报"出口享惠情况"栏目（见表3-39）。

表3-39

出口享惠情况代码表

代码	内容
0	出口货物在最终目的国（地区）不享受优惠关税
1	出口货物在最终目的国（地区）享受优惠关税
2	出口货物不能确定在最终目的国（地区）享受优惠关税
3	不适用于进口报关单

赵思根据查询结果，与委托人核对数据，并最终确定了申报要素信息（见表3-40），保证报关填报信息真实详细有效。

表 3-40

庭院灯申报要素信息

1	品名	庭院灯
2	品牌类型	境外品牌(其他)
3	出口享惠情况	不适用于进口报关单
4	材质	铝制
5	用途	庭院装饰照明
6	品牌	MARSET 牌

小贴士

通关网(www.hscode.net)归类和税率信息齐全,但是属于非官方机构网站,所查询到的信息仅供参考,用户应以实际通关、办理海关手续时的相关海关要求为准。

步骤三 填制进口货物报关单(草单)

赵思根据进口货物的单证和报关资料填写进口货物报关单(草单)。进口货物报关单的格式如表 3-41 所示。

表 3-41

中华人民共和国海关进口货物报关单

预录入编号:　　　　　　　　　　　　　　　　海关编号:

境内收货人	进境关别	进口日期	申报日期	备案号
境外发货人	运输方式	运输工具名称及航次号	提运单号	货物存放地点
消费使用单位	监管方式	征免性质	许可证号	启运港
合同协议号	贸易国(地区)	启运国(地区)	经停港	入境口岸
包装种类	件数	毛重(千克)	净重(千克)	成交方式	运费	保费	杂费
随附单证及编号							

续表

标记唛码及备注:								
项号	商品编号	商品名称及规格型号	数量及单位	单价/总价/币制	原产国(地区)	最终目的国(地区)	境内目的地	征免

特殊关系确认:　　　价格影响确认:　　　支付特许权使用费确认:　　　自报自缴:

报关人员　　　报关人员单证号　　　电话
　　兹声明对以上内容承担如实申报、依法纳税之法律责任。　　海关批注及签章
申报单位　　　　　　　　　　　申报单位(签章)

备注:灰底部分标识出了出口报关单与进口报关单不一致的字段。

出口报关单与进口报关单不一致的字段如表3-42所示。

表3-42

出口报关单与进口报关单不一致的字段

出口报关单	进口报关单	出口报关单	进口报关单
境内发货人	境内收货人	出境关别	进境关别
出口日期	进口日期	境外收货人	境外发货人
——	货物存放地点	生产销售单位	消费使用单位
——	启运港	运抵国(地区)	启运国(地区)
指运港	经停港	离境口岸	入境口岸
境内货源地	境内目的地		

　　对于与出口报关单相同的字段的填报规范请参考本任务的第一个教学活动:出口货物报关单的填制及数据填报。与出口报关单不一致的字段的填报规范如下。

① 境内收货人

该栏填报在海关备案的对外签订并执行进口贸易合同的中国境内法人、其他组织名称及编码。编码填报法人和其他组织的18位统一社会信用代码;没有统一社会信用代码的,填报其在海关的备案编码。

本任务的境内收货人一栏应填报：深圳安永贸易有限责任公司(813101887621594371)。

② 进境关别

根据货物实际进境的口岸海关，填报海关规定的《关区代码表》中相应口岸海关的名称及代码。

本任务的进境关别一栏应填报：广州机场(5141)。

③ 进口日期

进口日期填报运载进口货物的运输工具申报进境的日期。进口日期为8位数字，顺序为年(4位)、月(2位)、日(2位)。

本任务的进口日期一栏应填报：20××1127。

④ 境外发货人

境外发货人通常指签订并执行进口贸易合同中的卖方。名称一般填报英文名称。对于AEO互认国家(地区)的企业，编码填报 AEO 编码，填报样式为"国别(地区)代码＋海关企业编码"。

本任务的境外发货人一栏应填报：IBERIA LIGHTING CO. LTD.。

⑤ 货物存放地点

该栏填报货物进境后存放的场所或地点，包括海关监管作业场所、分拨仓库、定点加工厂、隔离检疫场、企业自有仓库等。

本任务的货物存放地点一栏应填报：联邦快递。

⑥ 消费使用单位

消费使用单位填报已知的进口货物在境内的最终消费、使用单位的名称。

本任务的消费使用单位一栏应填报：深圳安永贸易有限责任公司(813101887621594371)。

⑦ 启运港

该栏填报进口货物在运抵我国关境前的第一个境外装运港。根据实际情况，按海关规定的《港口代码表》填报相应的港口名称及代码。无实际进境的货物，填报"中国境内"及代码。

本任务的启运港一栏应填报：巴塞罗那(西班牙)(ESP024)。

⑧ 启运国(地区)

启运国(地区)填报进口货物启始发出直接运抵我国的国家(地区)，或者在运输中转国(地区)未发生任何商业性交易的情况下运抵我国的国家(地区)。不经过第三国(地区)转运的直接运输进出口货物，以进口货物的装货港所在国(地区)为启运国(地区)。经过第三国(地区)转运的进出口货物，如在中转国(地区)发生商业性交易，则以中转国(地区)作为启运国(地区)。按海关规定的《国别(地区)代码表》选择填报相应的启运国(地区)的中文名称及代码。

本任务的启运国一栏应填报：西班牙 ESP。

⑨ 经停港

经停港填报进口货物在运抵我国关境前的最后一个境外装运港。

本任务无经停港信息。

⑩ 入境口岸

该栏填报进境货物从跨境运输工具卸离的第一个境内口岸的中文名称及代码。入境口岸类型包括港口、码头、机场、机场货运通道、边境口岸、火车站、车辆装卸点、车检场、陆路港、坐落在口岸的海关特殊监管区域等。

本任务的入境口岸一栏应填报：广州白云国际机场(442301)。

⑪ 境内目的地

该栏填报已知的进口货物在国内的消费、使用地或最终运抵地，其中最终运抵地为最终使用单位所在的地区。最终使用单位难以确定的,填报货物进口时预知的最终收货单位所在地。按海关规定的《国内地区代码表》选择填报相应的国内地区名称及代码。

本任务的境内目的地一栏应填报:(44301)深圳特区。

赵思根据报关资料和填报规范填写进口货物报关单(草单),如表 3-43 所示。填写完成并与客户确认完毕。

表 3-43

中华人民共和国海关进口货物报关单

预录入编号:　　　　　　　　　　　海关编号:

境内收货人 (813101887621594371) 深圳安永贸易有限责任公司	进境关别(5141) 广州机场	进口日期 20××1127	申报日期 20××1127	备案号
境外发货人 IBERIA LIGHTING CO. LTD.	运输方式(5) 航空运输	运输工具名称及航次号 FM6688	提运单号 788-90886445	货物存放地点 联邦快递
消费使用单位 (813101887621594371) 深圳安永贸易有限责任公司	监管方式(0110) 一般贸易	征免性质(101) 一般征税	许可证号	启运港(ESP024) 巴塞罗那(西班牙)
合同协议号 10JSSC2233	贸易国(地区)(ESP) 西班牙	启运国(地区)(ESP) 西班牙	经停港	入境口岸(442301) 广州白云国际机场
包装种类(92) 再生木托	件数 1	毛重(千克) 112	净重(千克) 94	成交方式 CIF	运费	保费	杂费

随附单证及编号
标记唛码及备注: 联邦快件 N/M

项号	商品编号	商品名称及规格型号	数量及单位	单价/总价/币制	原产国(地区)	最终目的国(地区)	境内目的地	征免
1	9405500000	庭院灯	94 千克 25.0 个	85.0 2125.0 美元	西班牙(ESP)	中国(CHN)	(44031)深圳特区	照章征税(1)

特殊关系确认:否	价格影响确认:否	支付特许权使用费确认:否	自报自缴:否

报关人员	报关人员单证号	电话	
兹声明对以上内容承担如实申报、依法纳税之法律责任。		海关批注及签章	
申报单位		申报单位(签章)	

步骤四 "单一窗口"数据录入

根据进口货物报关单（草单）和报关资料，报关员马林在单一窗口货物申报——进口报关单整合申报页面进行相关数据录入。

马林先完成表头信息的录入（见图3-15）。

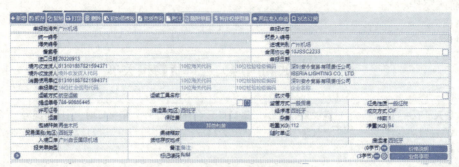

图3-15 进口报关单表头信息录入

马林在单一窗口录入对应的HS编码，页面弹出对应的商品规范申报的对话框。马林在对话框内填写申报要素，系统会自动生成相应的规格型号（见图3-16）。

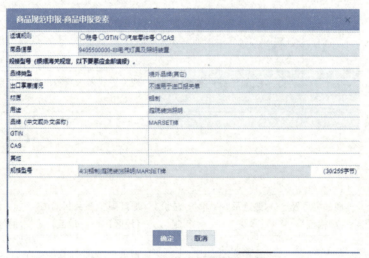

图3-16 进口货物申报要素信息录入

马林完成货物信息录入（见图3-17）。

图3-17 进口货物信息录入完成

马林完成进口货物报关单信息录入(见图3-18)。

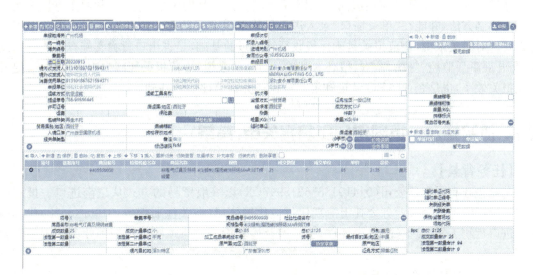

图3-18 进口货物报关单信息录入完成界面

步骤五 "单一窗口"数据核对

马林根据录入完成的报关单数据,点击进口报关单整合申报页面的"打印"按钮,生成打印预览校验单,将已录入的报关单数据和进口货物报关单(草单)一一核对,确保无误。

> **小知识**
>
> **海关申报要素——"GTIN"和"CAS"介绍**
>
> **1. GTIN**
>
> 申报要素中GTIN为条形码,即"全球贸易项目代码"。GTIN作为识别商品品项的全球性独一编码,是编码系统中应用最广泛的标识代码。
>
> GTIN有4种不同的代码结构:GTIN-14、GTIN-13(原称EAN-13)、GTIN-12(原称UPC-12)和GTIN-8(原称EAN-8),每一个标识代码必须以整体方式使用。完整的标识代码可以保证在相关的应用领域内全球唯一。GTIN-14为非零售商品标识代码;GTIN-13、GTIN-12、GTIN-8为零售商品标识代码。
>
> **2. CAS**
>
> CAS是"物质数字识别号码"。
>
> CAS是某种物质(化合物、高分子材料、生物序列、混合物或合金)的唯一的数字识别号码。CAS号以连字符"-"分为三部分:第一部分有2到7位数字,第二部分有2位数字,第三部分有1位数字作为校验码。CAS相当于每一种化学物质的"学号"。
>
> 在要素申报中,"GTIN"和"CAS"是选填项,填报有利于海关快速识别申报内容,确认货物是否存在风险,加速通关。

【任务小结】
通过本任务的学习,我们学会了使用商品编码查询商品的申报要素,也学习了进口货物报关单的填制方法,并能在"单一窗口"录入进口货物申报要素信息。按照海关规范报关申报非常重要。对海关来说,规范报关是确保税收征管质量的基础,是进出口货物实施查验监管的基础,是开展事后监控、复核、核查、稽查的基础。对企业来说,规范报关能减少报关差错率,提升企业报关效率,也是企业 AEO 认证和汇总征税业务资信评估的基础。

体验活动 填制进口货物报关单(草单)

【任务背景】
东莞集旺有限责任公司(9141018876215997LX)以一般贸易的方式从越南进口一批双肩背包。货物的进口报关业务委托上海现代货运代理公司(海关注册编码:3100945628)代理报关。进口货物无需办理各类许可证件,也不涉及检验检疫。与本次进口报关业务相关的资料如下。

资料1:发票(见表3-44)

表3-44

COMMERCIAL INVOICE				
Seller: SON DONG CO. LTD		Invoice No. and Date: SK-P002 JULY 5, 20××		
		L/C NO. and date: D/P		
Buyer: DONGGUAN JIWANG CO. LTD.		CONTRACT NO.: SK-P002-202201		
From: HOCHIMINH, VIETNAM		Terms of Delivery and Payment: CIF SHANGHAI		
TO: SHANGHAI, CHINA				
SHIPPING MARKS	NO. & KINDS OF PACKING; GOODS DESCRIPTION	QUANTITY	UNIT PRICE	AMOUNT
N/M	BACKPACK 100% POLYESTER	502PCS	USD21.50	USD10,793.0
		COUNTRY OF ORIGIN: VIETNAM		

资料2:装箱单(见表3-45)

表 3-15

PACKING LIST					
Seller: SON DONG CO. LTD	Invoice No. and Date: SK-P002 JULY 5, 20××				
Buyer: DONGGUAN JIWANG CO. LTD.	CONTRACT NO.: SK-P002-202201				
From: HOCHIMINH, VIETNAM	^				
TO: SHANGHAI, CHINA	^				
SHIPPING MARKS	NO. & KINDS OF PACKING; GOODS DESCRIPTION	QUANTITY	N.W.	G.W.	MEASUREMENT
N/M	BACKPACK 100% POLYESTER	168CTNS	2033.1KG	2318.12KG	18.20CBM

资料3：补充资料

该批货物于20××年8月18日到达外高桥，第二天上海现代货运代理公司向外港海关(2225)申报。

消费使用单位：北京常元有限公司(7610020106215 90912)

境内目的地：北京市朝阳区(11059)

货物信息：

HS CODE：4202129000；法定第一单位：千克，法定第二单位：个

船舶：PEGASUS TERA/2039W

提单号(B/L NO.)：PSCL2003017

货物存放地点：外高桥四期

通关方式：通关无纸化

【任务要求】

请以上海现代货运代理公司报关员马林的身份填写进口货物报关单（草单）（填制表3-46）。

表 3-46

中华人民共和国海关进口货物报关单

预录入编号：　　　　　　　　　　　海关编号：

境内收货人	进境关别	进口日期	申报日期	备案号
境外发货人	运输方式	运输工具名称及航次号	提运单号	货物存放地点
消费使用单位	监管方式	征免性质	许可证号	启运港

续表

合同协议号		贸易国(地区)		启运国(地区)		经停港		入境口岸	
包装种类		件数	毛重(千克)	净重(千克)	成交方式	运费	保费	杂费	
随附单证及编号									
标记唛码及备注:									
项号	商品编号	商品名称及规格型号	数量及单位	单价/总价/币制	原产国(地区)	最终目的国(地区)		境内目的地	征免
特殊关系确认:		价格影响确认:		支付特许权使用费确认:			自报自缴:		
报关人员 报关人员单证号 电话									
兹声明对以上内容承担如实申报、依法纳税之法律责任。 海关批注及签章									
申报单位 申报单位(签章)									

【任务评价】

评价项目	评价描述	评定结果		
		达到	基本达到	未达到
基本要求	能通过 HS 编码查询商品的申报要素,并说明商品的规范申报要求			
	能说明新版进口货物报关单的内容和填写方法			
	能根据委托人要求,填制进口货物报关单(草单)			
	能根据进口货物报关单(草单),在"单一窗口"完成进口报关数据的录入			
	具备如实申报,依法缴税的职业精神			
综合要求	在完成业务操作中,评价活动的质量;在按要求填写单证内容时,注意与同学合作、交流,对自己完成任务的情况进行小结			

任务四　多式联运单证的制作

【学习目标】

1. 能理解多式联运单证的含义与功能；
2. 能理解国际多式联运的流程及多式联运单证的流转过程；
3. 能判别国际多式联运中的当事人及当事人之间的关系；
4. 能正确填写多式联运单证中的当事人栏及地点栏；
5. 能严格遵守货运代理企业的作业规范，养成认真、严谨的工作习惯，及时准确地完成单据的制作。

多式联运单证(Multimodal Transport Document，MTD)是指证明多式联运合同以及证明多式联运经营人接管货物并按照合同条款交付货物的单据。多式联运提单(Multimodal Transport B/L)由承运人或其代理人签发，其作用与海运提单相似，既是货物收据也是运输契约的证明与物权凭证。

教学活动　多式联运单证的制作与流转

【任务背景】

日前，沈阳某公司与新加坡某公司签发销货合同，约定按 CIF 价采用陆海联运方式将货物从沈阳经汽车运至大连，再经海运出口运输至新加坡，并规定可以签发在收货人一栏记载凭指示交货的多式联运提单。货运代理 A 接受委托后，以自己的名义分别向汽车承运人和海上承运人办理托运和订舱事宜。货物装上汽车后，货运代理 A 因没有自己的多式联运提单，则委托另一家货运代理 B 向沈阳公司签发了多式联运提单，并向其收取了全程包干运费。

【任务要求】

试分析此业务中涉及的多式联运提单、公路运单、海运提单等的当事人栏和运输栏应如何缮制。

【任务分析】

在多式联运中，为了方便托运人和货主，多式联运经营人通常采用全程运输、一单到底的形式，即仅以承运人身份对托运人签发多式联运单据，而他本人与实际承运人签订运输合同来完成各段运输过程。这说明，一般情况下，运输过程中所有的运输单据都没有必要再交付给货主或者托运人，托运人仅凭借多式联运经营人签发的多式联运单据，就可以达到收取货款、转移货物等目的，而货物的买方则只需要持有托运人转交的多式联运单据正本就可以认领货物。

国际多式联运大致经过以下步骤：

① 出运地货物交接，即托运人根据合同的约定把货物交至指定地点；

② 确定多式联运路线和方式,与分包方签订货物联运合同;
③ 安排货物出口,对货物全程运输投保货物责任险和集装箱保险;
④ 通知转运地代理人,与分包承运人联系,及时做好货物过境或进口换装、转运等手续申办和业务安排;
⑤ 货物运输过程中跟踪监管,定期向发货人或收货人发布货物位置等信息;
⑥ 通知货物抵达目的地时间,并要求目的地代理人办理货物进口手续;
⑦ 此外,还涉及计算运输费用,集装箱跟踪管理,租箱与归还业务,以及货运事故索赔与理赔业务等。

多式联运提单与各运输区段承运人单据的区别如表3-47所示。

表3-47

多式联运提单与各运输区段承运人单据的区别

项目	多式联运提单	各运输区段承运人单据(提单、运单)
托运人	依贸易合同而定	多式联运经营人或其代理
通知人	依贸易合同而定	多式联运经营人或其代理
收货人	依贸易合同而定	多式联运经营人或其代理
签发人	多式联运经营人或其代理	区段承运人或其代理
收货地	起始收货地点	区段运输工具实际收货地
装货港	一程承运船的装货港	区段运输工具(船)的实际装货港
卸货港	最末程承运船的卸货港	区段运输工具(船)的实际卸货港
交货地	最终交货地点	区段运输工具的实际交货地
签单地	起始收货地点	区段运输工具的收货地(港)
责任区间	承担全程责任	承担各自负责区段责任
主要用途	结汇与提货	货物交接与提取

【任务实施】

步骤一 明确多式联运中的当事人及他们之间的关系

本业务中,货代A,对于沈阳公司而言,是多式联运经营人,应承担承运人的责任,因为双方存在多式联运合同关系;对于新加坡公司而言,他不承担责任,因为双方不存在合同关系或提单关系;对于实际承运人(汽车承运人和海上承运人)而言,他是托运人,应承担托运人的责任。

货代B,对于沈阳公司而言,双方存在提单合同关系,但这种关系随提单转让而中止;对于新加坡公司或其他提单持有人而言,双方存在提单合同关系,他应承担提单下的有关承运人的责任;对于实际承运人(汽车承运人和海上承运人)而言,双方不存在合同或提单关系。

步骤二 缮制多式联运单据的相关栏目

缮制多式联运提单,如有信用证,应符合其具体要求。通常做法如表3-48所示。

表 3-48

多式联运提单相关栏目的填写

项目	多式联运提单	项目	多式联运提单
托运人	沈阳公司	装货港	大连
通知人	新加坡公司	船名/航次	具体船名航次
收货人	凭指示或为新加坡公司	卸货港	新加坡
收货地	沈阳	交货地	空白
前程运输工具	具体车名与车号		

缮制公路运单(见表 3-49)。

表 3-49

公路运单相关栏目的填写

项目	公路运单	项目	公路运单
托运人	货代 A	运输工具	具体车名与车号
收货人	货代 A 在大连的指定代理	交货地	大连
收货地	沈阳		

缮制海运提单(见表 3-50)。

表 3-50

海运提单相关栏目的填写

项目	海运提单	项目	海运提单
托运人	货代 A 或货代 A 在大连的指定代理	装货港	大连
通知人	货代 A 在新加坡的指定代理	船名/航次	具体船名航次
收货人	凭指示或为货代 A 在新加坡的指定代理	卸货港	新加坡
收货地	空白	交货地	空白
前程运输工具	空白		

 小知识

多式联运单证的转让

可转让的多式联运单证具有流通性,可以像提单那样在国际货物买卖中扮演重要角色。多式联运单据以可转让方式签发时,应列明凭指示或向持票人交付。如列明凭指示交付,须经背书后转让;如列明向持票人交付,无须背书即可转让。可转让的多式联运单据,通常称为国际联运提单,类似于海运提单,具有多式联运合同的证明、货物收据与物权凭证。不可转让的多式联运单据,通常称为多式联运运单,不具有物权凭证的功能,仅具有多式联运合同的证明和货物收据两大功能。

对于多式联运单证的可转让性,我国的《国际集装箱多式联运管理规则》有如下规定:

① 记名单据:不得转让。
② 指示单据:经过记名背书或者空白背书转让。
③ 不记名单据:无须背书,即可转让。

本项多式联运出口业务程序,一程是公路运输,二程是海上运输。在这类情况下,多式联运经营人(MTO)签发的多式联运提单及各区段单据的流转程序如下:

① 多式联运经营人缮制并签发全程多式联运提单,并将正副本分别交付发货人和各地分支机构或代理。

② 一程承运人收到货物后向多式联运经营人或其代理签发公路运单,多式联运经营人起运地分支机构或代理应以最快的通信方式将运单、舱单等寄交多式联运经营人二程分支机构或代理。

③ 二程承运人收到货物后向多式联运经营人或其代理签发海运提单,多式联运经营人二程分支机构或代理应以最快的通信方式将正本提单、舱单等寄交多式联运经营人目的地分支机构或代理。

④ 多式联运经营人目的地分支机构凭全套正本提单从承运人或代理处提取货物,并向收货人发出提货通知。收货人付款赎单后取得多式联运经营人签发的全套正本多式联运提单,凭此全套正本提单可向多式联运经营人目的地分支机构或代理办理提货手续。多式联运经营人目的地分支机构或代理与多式联运经营人寄交的副本提单核对,并在收取应收取的运杂费后,将货物交付收货人。

【任务小结】

国际多式联运涉及多个承运人、代理人,要区分其法律性质及责任;多式联运单证分多式联运提单及运单,在每个实际承运阶段,也会有相应的海运提单、陆运运单等,要注意单单一致、单证一致。

 体验活动　多式联运提单中地点栏目的填制

【任务背景】

一批货物从广州黄埔(HUANGPU)驳至中国香港(HONGKONG),再由中国远洋运输公司船舶运至美国洛杉矶(LOS ANGELES),通过路桥运输最终抵达目的地纽约(NEW YORK)。

【任务要求】

请根据上述资料,填制多式联运提单中的地点栏,即填制表3-51。

Words

1. Pre-carriage by 前程运输
2. Place of Receipt 收货地点
3. Final Destination 目的地

小贴士

1. Pre-carrige by:该栏填驳船名。
2. Ocean Vessel Voy. No.:该栏填大船名。

表3-51

多式联运提单部分栏目

Shipper		B/L No.	
			COSCO
Consignee		中国远洋运输(集团)总公司 CHINA OCEAN SHIPPING (GROUP) CO.	
Notify Party			
Precarriage by *	Place of Receipt *	ORIGINAL COMBINED TRANSPORT BILL OF LADING	
Ocean Vessel Voy. No. *	Port of Loading *		
Port of Discharge *	Final Destination *		

【任务评价】

评价项目	评价描述	评定结果		
		达到	基本达到	未达到
基本要求	能说出多式联运提单各当事人及其责任			
	能说出多式联运提单的流转程序			
	能按照业务要求正确填制多式联运提单			
综合要求	在完成业务操作中,评价活动的质量;在按要求填写单证内容时,注意与同学合作、交流;对自己完成任务的情况进行小结			

拓展阅读 "单一窗口"介绍

"单一窗口"的全称为"中国国际贸易单一窗口",也称"国际贸易单一窗口"。"单一窗口"是指参与国际贸易和运输的各方,通过单一的平台提交标准化的信息和单证以满足相关法律法规及管理的要求。国际贸易"单一窗口"标准版系统依托中国电子口岸平台建设,是实现现代化、信息化、智能化的口岸通关模式的信息系统。简化、统一单证格式与数据标准,实现申报人通过"单一窗口"向口岸管理相关部门一次性申报;口岸管理相关部门通过电子口岸平台共享信息数据、实施职能管理,执法结果通过"单一窗口"反馈给申报人,简化了通关手续,降低了通关费用。

以前外贸企业或个人办理进出口业务,需要分别对接海关、检验检疫、海事、边检等部门进行数据申报,流程复杂(见图 3-19)。

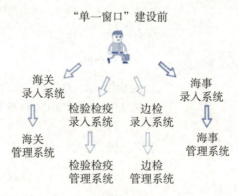

图 3-19 "单一窗口"建设前进出口业务申报流程

而使用"单一窗口"后,企业只需要在一个窗口进行一次录入,就能办完所有申报流程,从申报到放行结关最快只需 2 小时(见图 3-20)。

图 3-20　"单一窗口"建设后进出口业务申报流程

"单一窗口"具备 4 大核心要素：①实现一次申报，也就是说贸易经营企业只需要一次性向贸易管理部门提交相应的信息和单证；②拥有统一的平台，各部门能对企业提交的信息数据进行一次性处理；③使用标准化的数据元，贸易经营企业提交的信息应为标准化的数据；④能够满足政府部门和企业的需要。

"单一窗口"标准版为网页形式，用户打开浏览器输入 http://www.singlewindow.cn 即可访问。"单一窗口"分设中国国际贸易单一窗口（标准版）的中央版和中国（××）国际贸易单一窗口的地方版两级平台。

系统目前已实现货物申报、舱单申报、运输工具申报、企业资质办理、许可证件申请、原产地证书申请、出口退税申请、税费办理、加工贸易备案、跨境电商、物品通关、检验检疫、服务贸易、金融服务、口岸物流、查询统计等 19 大类基本服务功能。

其中，货物申报是指进出口货物的收发货人及其代理人依照有关法律、行政法规和规章的要求，在规定的期限、地点，采用规定的形式，向检验检疫部门报告实际进出口货物的情况。货物申报是整个海关进出口业务的中心环节，也是"单一窗口"标准版的重要组成部分，实现货物申报企业通过"单一窗口"平台一点接入，一次性提交满足海关和检验检疫部门要求的报关、报检标准化单证和电子信息。同时，监管部门也可以将报关、报检审核处理状态（结果）统一反馈给申报人。

本书参考资料及出处

(1) 海关总署综合统计司:《进出口货物申报项目录入指南(初稿)》,引自中国国际贸易单一窗口网站 https://www.singlewindow.cn/。

(2) 中国电子口岸数据中心:《"单一窗口"标准版用户手册(货物申报-上)》,引自中国国际贸易单一窗口网站 https://www.singlewindow.cn/。

(3) 中国电子口岸数据中心:《"单一窗口"标准版用户手册(货物申报-下)》,引自中国国际贸易单一窗口网站 https://www.singlewindow.cn/。

(4) 中华人民共和国海关总署:《包装种类代码表》,引自中华人民共和国海关总署网站 http://www.customs.gov.cn/。

(5) 中华人民共和国海关总署:《货币代码表》,引自中华人民共和国海关总署网站 http://www.customs.gov.cn/。

(6) 中华人民共和国海关总署:《监管方式代码表》,引自中华人民共和国海关总署网站 http://www.customs.gov.cn/。

(7) 中华人民共和国海关总署:《运输方式代码表》,引自中华人民共和国海关总署网站 www.customs.gov.cn/。

(8) 中华人民共和国海关总署:《征减免税方式代码表》,引自中华人民共和国海关总署网站 www.customs.gov.cn/。

(9) 中华人民共和国海关总署:《征免性质代码表》,引自中华人民共和国海关总署网站 www.customs.gov.cn/。